法律法规释义系列

快递暂行条例释义

司法部

国家邮政局

编著

中国法制出版社
CHINA LEGAL PUBLISHING HOUSE

编 者 名 单

主编单位： 司法部

国家邮政局

编写机构： 司法部工交商事法制司

国家邮政局政策法规司

主　　编： 甘藏春　赵晓光

副 主 编： 张建华　金京华

编　　委： 方　军　赵　雷　高黎明　安　宁

叶　楠　屈　凯　姚　驰　徐　顺

马　喜　姚志昊

《快递暂行条例》宣贯
全国电视电话会议讲话节选

国家邮政局党组书记、局长　马军胜

《快递暂行条例》（以下简称《条例》）是党的十九大胜利召开之后邮政业法治建设取得的重要成果，也是邮政体制改革以来继邮政法修订后邮政业取得的又一个重要立法成果。我国邮政业改革发展进入了新时代、开启了新征程，行业正处在由大到强转型的关键节点，《条例》应运而生，指明了方向、创造了机遇、提供了支撑、理顺了关系、解决了难题，将在促进行业健康发展、维护市场公平竞争秩序、推进行业治理体系和治理能力现代化、保障人民群众和广大用户合法权益等方面发挥基础性、关键性作用。

一、《条例》立法见证我国快递实现跨越发展

《条例》可谓“四年磨一剑”，立法进程随着我国快递发展而加速推进，立法过程与快递发展中的标志性事件紧密结合在一起。2014 年全国快递年业务量挺进 100

亿件的时候，国家邮政局起草形成了条例草案，并向社会广泛征求意见。2015 年全国快递年业务量迈入 200 亿件，全国政协双周协商座谈会于 2016 年 1 月专题讨论快递条例的制定。2016 年全国快递年业务量超过 300 亿件，国务院法制部门于 2017 年年初原则确定了条例草案的内容。2017 年全国快递年业务量突破 400 亿件，不久，国务院常务会议于 2018 年 2 月 7 日通过了《条例》。

二、充分认识《条例》的重大意义

党中央、国务院历来高度重视邮政业改革发展，中央领导同志一直十分关心、关注《条例》立法情况，多次作出重要指示批示。总理就《条例》名称、快递发展保障、新业态包容审慎监管等重点内容提出了明确要求。

《条例》的颁布充分体现了党中央、国务院对行业改革发展工作的高度重视。《条例》以行政法规的形式总结和肯定了邮政体制改革实践成果，指明了邮政业持续健康发展的奋斗方向。《条例》对党中央、国务院重大战略决策部署进行了细化、实化、深化，是落实全面依法治国、建设法治政府的重要抓手。

《条例》为推动行业改革发展提供了重要制度安排。《条例》坚持以推进供给侧结构性改革为主线，大力破解制约行业发展的体制机制问题，进一步推动行业跨越发展；坚持以人民为中心的发展思想，弘扬“人民邮政为人民”理念，致力于让企业、从业人员和消费者对有关制度安排形成合理预期，更加充分地享受制度红利。《条例》的制度安排符合客观规律，契合我国迈向邮政强国的实际，是促进发展、保障善治的良法。

《条例》为加快政府职能转变提供了重要法制保障。《条例》避免用旧办法管理新业态，体现了包容审慎监管的原则，进一步完善了邮政管理部门监督检查职能体系。《条例》的颁布有利于建立权责统一、权威高效的依法行政体制，推进邮政管理部门严格规范公正文明执法，增强政府公信力和执行力；有利于完善公共服务管理体制，处理好政府和市场关系，使市场在资源配置中起决定性作用，更好发挥政府作用；有利于创新邮政行政管理方式，强化事中事后监管，全面提高行业管理效率效能，为人民提供优质高效的服务。

三、以《条例》施行为契机推动行业高质量发展

必须将《条例》的施行与邮政强国建设有机结合，聚焦满足人民日益增长的更好用邮需要，抓重点、补短板、强弱项、防风险，推动快递持续健康发展。

要不断优化行业发展环境，在规划、政策、规章、标准、人才等方面进一步加大工作力度。要持续深化行业供给侧结构性改革，对标国际先进标准，把提高供给体系质量作为主攻方向，促进社会物流成本降低，增强行业适应力、创新力和竞争力。要大力推动协同创新发展，推动快递深度融入生产、流通和消费各个环节，强化合作联动，凝聚行业发展强大合力。要努力提高行业治理水平，推动行业诚信体系建设，充分运用先进技术手段，加强事中事后监管，夯实安全基础，维护市场秩序，保障用户合法权益。要更加注重行业绿色发展，建立完善快递绿色生产、绿色消费的制度体系和政策导向，加强环保科技推广应用，大力发展绿色邮政，助力人与自然和谐共生的现代化和美丽中国建设。

法的生命力在于实施，法的权威在于执行。全系统全行业要全力做好《条例》宣贯工作，切实维护《条例》的严肃性和权威性，切实发挥《条例》的规范和保障作用，不忘初心，继续前进，以快递持续健康发展的实践回报党中央、国务院的关怀厚爱和期待。

目 录

附　录

第一章　总　　则

本章作为总则居于统领地位，是本条例的纲领性内容，规定了本条例的基本制度和一般原则。包括立法目的和依据、适用范围、地方政府保障责任总体规定、快递安全总体规定、快递业管理体制、执法协作机制、行业组织、信用管理、绿色快递等条款。

第一条　为促进快递业健康发展，保障快递安全，保护快递用户合法权益，加强对快递业的监督管理，根据《中华人民共和国邮政法》和其他有关法律，制定本条例。

条文主旨

本条是关于立法目的和立法依据的规定。立法目的是立法期望实现的效果，集中体现了本条例的根本目标，决定着本条例的制度设计。立法依据是制定本条例的上位法依据，同时也表明了本条例在我国快递业制度体系中属于执行性行政法规。

本条包括以下内容：首先，明确了四个方面的立法目的，即促进快递业健康发展，保障快递安全，保护快递用户合法权益，加强对快递业的监督管理。本条例将促进快递业健康发展作为首要的立法目的，贯穿于本条例的始终。其次，本条例的立法依据主要是《中华人民共和国邮政法》，还包括其他有关的法律，如《中华人民共和国反恐怖主义法》等。

党的十九大报告强调，要“以良法促进发展、保障善治”，立法工作要在实现高质量发展中发挥重要作用。2009 年修订《中华人民共和国邮政法》时，明确了快递企业的法律地位，为快递业发展提供了基本的法律保障。近 10 年来，快递业实现大发展。自 2014 年起，我国快递业务量连年位居世界第一。但是，快递业也面临诸多现实问题：一是存在一些实际困难，如快递末端网点的办照成本较高、快递车辆通行难、快递基础设施薄弱等；二是快递安全形势比较严峻，发生过危害公共安全和用户信息安全的情况；三是快递市场经营秩序不够规范，快递服务的有关规则不够明确，导致服务质量相对较低、责任界定不清、用户权益保护不到位等问题；四是针对发展中出现的新问题、新情况，快递业监督管理需要创新和强化。此外，《中华人民共和国邮政法》关于快递的规定比较原则，有些方面需要有针对性地细化。这些问题都需要通过专门立法予以解决，为快递业高质量发展提供制度保障。为此，国务院制定了专门的快递业行政法规——《快递暂行条例》，在对上位法作出实施性规定的同时，也补充、完善了有关制度规范。

释　义

一、我国快递业发展的基本情况

快递业是现代服务业的重要组成部分，是推动流通方式转型、促进消费升级的现代化先导性产业。快递服务体系是新兴的社会组织系统。2006 年，邮政行业实施政企分开改革。2009 年，《中华人民共和国邮政法》修订施行，明确了快递企业的法律地位，为我国快递业的迅速发展创造了良好的外部环境。目前，我国快递业呈现出以下特点：

1. 市场竞争比较充分。快递市场形成了国有、外资、民营等多种所有制并存、多元主体竞合、多层次服务共生的格局。截至2017年年底，全国经营快递业务的企业达到2万家左右，注册资本超过4000亿元，有7个民营快递品牌先后上市，行业从业人员超过300万人，拥有飞机100架，干线运输汽车超过20万辆。

2. 产业规模迅速扩大。2010年至2017年，快递业务量从23.4亿件增至400.6亿件，年均增长率50%。自2014年起快递业务量连年位列世界第一。日均快件处理量超过1亿件，最高日处理量达到3.31亿件。我国快递服务网络现已联通世界大部分国家和地区，境内正在由东部向西部、自城市向农村快速扩张，快递服务网点的乡镇覆盖率超过90%。

3. 发展水平稳步提升。主要企业的快件处理中心相继引进自动化分拣设施和安检设备。国家重大活动期间和“双11”等快递业务旺季的服务保障能力不断增强。快递服务时效和服务质量不断提升。2017年，快件全程时限均值为56.02小时，72小时准时率均值为78.67%。快递业消费者有效申诉率持续下降，2017年全国快件百万件有效申诉率为23.19，同比下降2.61。

4. 与电子商务发展关系密切。随着我国互联网经济发展，快递业作为保障网络交易顺利达成的关键依托，增长速度稳居服务业前列。快递业务量受电商促销等因素影响较大，逐渐形成“淡季不淡、旺季更旺”的态势。经营快递业务的企业服务范围迅速扩大，让广大农村地区的群众也用上了便利高效的快递服务，支撑了电子商务下乡。

必须清醒地认识到，我国还缺乏具有国际竞争力的快递品牌，大的企业集团目前不到10家。大部分企业的服务品种相对单一，业务附加值低，跨境业务比重少。民营快递企业的服务网络、基础设施薄弱，在机械化、自动化、信息化、标准化等方面与国际大公司有较大差距。

二、关于本条例的立法目的

立法目的表明的是为什么要立法，或者说制定这部行政法规所要实现的基本目标。立法目的贯穿整部法规的始终，所有条文都是围绕立法目的进行设计，并为立法目的服务。本条开宗明义地明确了四个层次的立法目的，集中体现了本条例的价值和目标追求。

1. 制定本条例是为了促进快递业健康发展。《中华人民共和国邮政法》第一条即明确了“促进邮政业健康发展”的立法目的。国务院常务会议也强调，对刚刚出现的新业态要有序引导，促进整个产业健康发展。本条例贯彻了上位法的立法精神，将国务院政策部署固化为行政法规的规定，把促进快递业持续健康发展作为重点，着力解决制约快递业发展的体制机制问题，释放制度红利，推动快递业高质量发展。

2. 制定本条例是为了保障快递安全。快递渠道联系千家万户、人货分离的特点容易被不法分子利用，去从事危害国家安全、公共安全和公民人身及财产安全的活动。实践中，快递安全面临着越来越大的压力。为了确保快递业健康、可持续发展，本条例在制度上强调要守住安全底线，明确了用户和企业的安全义务，要求有关部门建立健全快递安全监管机制，规定快递行业组织督促企业落实安全生产主体责任。

3. 制定本条例是为了保护快递用户合法权益。快递业作为现代服务业的重要组成部分，连接着供给侧和需求侧。目前，快递服务质量仍有很大的提升空间，因责任界定不清而引发的争议较多，仅仅依靠企业、行业的力量难以解决，需要通过制定行政法规，完善快递服务规则，理顺法律关系，明确企业主体责任和消费者维权途径，使企业、用户形成法律预期，引导企业不断提升服务水平，保障快递用户的合法权益。

4. 制定本条例是为了加强对快递业的监督管理。对快递这种新产业、新业态，不能一上来就束缚、“管死”，而是要坚持包容审慎监管原则，将政府部门的行为置于法治轨道。同时，包容审慎绝不是“不监管”，而是要密切跟踪各种苗头性问题，及时采取措施，规范快递市场秩序，更好发挥政府作用。本条例在促发展的基础上，明确了政府部门的监督管理职责和快递业各类主体的法律责任。

三、制定本条例的立法依据

制定本条例的依据是《中华人民共和国邮政法》和其他有关法律。本条例与《中华人民共和国邮政法》的立法精神是一致的。除立法体例需要对上位法的规定作必要重申外，还规定了一些具体的制度措施。这些制度在《中华人民共和国邮政法》的基础上，对快递业实践中比较突出的问题作了细化安排。其他有关法律的原则性规定也在本条例中得到了贯彻。如本条例关于实名收寄、过机安检的制度安排，正是细化了《中华人民共和国反恐怖主义法》对快递运营单位行为规范的原则要求。同时，经营快递业务的企业、快递用户还应当遵守相关领域其他法律、行政法规的规定。

需要明确的是，根据国务院常务会议决定，在本条例名称中加入“暂行”，主要有两个方面的考虑：一是快递是新业态，存在很多未知事项，应当为制度安排留有空间；二是政府部门应当坚持包容审慎监管，针对本条例执行过程中的一些问题，可以不断总结经验，及时调整制度措施，更好地适应新产业、新动能发展的需要。

第二条　在中华人民共和国境内从事快递业务经营、接受快递服务以及对快递业实施监督管理，适用本条例。

条文主旨

本条是关于适用范围的规定。行政法规的适用范围，是指行政法规在什么时间、什么地域，对什么人、什么事具有约束力。通过明确本条例的适用范围，对于保障本条例有效实施，发挥本条例的功能和作用具有重要的意义。

本条包括以下内容：首先，本条例生效后是长期有效、可以反复适用的。国务院没有限定本条例的有效期。

其次，本条例适用于中华人民共和国境内，与《中华人民共和国邮政法》的适用区域一致。再次，本条例既约束实施快递业有关活动的法人，也约束非法人组织、自然人。最后，本条例规范快递业务经营行为、快递服务使用行为、快递业监督管理行为。

释　义

以下仅对本条例调整的活动进行阐释，主要包括三层含义：

一、本条例适用于快递业务经营活动

快递，是一种在承诺的时限内快速完成的寄递活动。从快递的行为特征看，其业务经营活动的内涵包括若干基本要素，即特定名址、独立封装、承诺时限等。只要是在我国境内从事这些经营活动，不论名称如何、所有制性质、组织形式和经营规模大小，都应当遵守本条例的规定。

二、本条例适用于快递用户接受快递服务的活动

快递服务合同涉及经营快递业务的企业与快递用户，以寄递为主要内容，明确各方的权利义务关系，其具体体现形式一般为快递运单。对快递用户来说，在享有合同权利、接受快递服务的同时，还需要遵守禁止寄递和限制寄递有关规定，交寄快件时应当如实填写快递运单等。

三、本条例适用于政府部门对快递业依法实施监督管理的活动

本条例明确了政府部门的监督检查职责、监督检查措施和监督检查要求，规定了邮政管理部门开展监督检查的重点内容，建立了以随机抽取被检查企业、随机选派检查人员为核心的“双随机”日常抽查制度，要求邮政管理部门充分利用计算机网络等先进技术手段对快递业务活动实施日常检查等，补充了监督检查的具体措施和职责。本条例还规定了政府部门之间的一些信息共享和协调配合机制。这些规定是政府部门履行监督管理职责的依据，应当切实遵守。

第三条 地方各级人民政府应当创造良好的快递业营商环境，支持经营快递业务的企业创新商业模式和服务方式，引导经营快递业务的企业加强服务质量管理、健全规章制度、完善安全保障措施，为用户提供迅速、准确、安全、方便的快递服务。

地方各级人民政府应当确保政府相关行为符合公平竞争要求和相关法律法规，维护快递业竞争秩序，不得出台违反公平竞争、可能造成地区封锁和行业垄断的政策措施。

条文主旨

本条是关于地方人民政府促进快递业健康发展的总体规定。本条从准确把握快递领域政府和市场关系的角度出发，明确要求地方人民政府营造良好的市场环境和营商环境，维护公平竞争秩序，对于促进快递业持续健康发展具有重要作用。

本条包括以下内容：首先，地方人民政府应当创造良好的外部环境，支持企业创新发展，以适应经济社会发展和人民群众对快递服务的新需要。其次，地方人民政府应当引导企业高质量发展，为用户提供优质的快递服务。最后，地方人民政府应当维护快递业公平竞争秩序，清理妨碍统一市场和公平竞争的规定和做法。本条规定不仅符合《中华人民共和国邮政法》明确的“鼓励竞争、促进发展”原则，而且增加了鼓励创新发展的制度导向。

经济体制改革的核心问题是处理好政府和市场的关系。本条结合快递业的实际情况，对地方人民政府保障快递业发展的职责作出了明确规定，对排除、限制市场竞争的政府行为予以禁止，有利于优化营商环境，维护公平竞争秩序，更好发挥政府作用。

释 义

党的十九大报告指出，使市场在资源配置中起决定性作用，更好发挥政府作用。国务院常务会议反复强调，对于刚刚出现的新行业、新业态，要坚持包容审慎监管的原则，通过营造公平竞争的市场环境，发挥市场自我调节的功能。党中央、国务院的方针政策，是做好快递业立法的基本遵循。

在促进快递业健康发展的总体目标下，立法要处理好政府与市场的关系。快递业既是新业态，同时也是吸纳了大量就业的劳动密集型产业，这决定了其受政策环境的影响大。每项政策、每部法规，甚至每次执法行动，都可能对快递业发展产生重要影响，而快递业受到的影响将传导给亿万用户。因此，政府实施监督管理应当具有审慎性和包容性，在坚守安全底线的前提下，给予快递业更多的理解、支持和引导，不搞“一刀切”。

《国务院关于促进快递业发展的若干意见》（国发〔2015〕61号）对政府发挥作用的几个关键问题作了规定：一是深入推进简政放权；二是优化快递市场环境；三是健全法规规划体系；四是加大政策支持力度；五是改进快递车辆管理；六是建设专业人才队伍。总体上看，政府应当发挥两个方面的作用：一是建立和完善良好的市场环境和营商环境；二是切实维护市场秩序，促进公平竞争。本条规定了政府在推动快递业健康发展中应当扮演的角色，旨在厘清政府和市场的边界。

本条第一款作了三个方面的规范：首先，要求政府创造良好营商环境。市场环境是市场经济发展的重要基础，构建良好营商环境是党的十八届三中全会提出的一项重要举措，是政府责无旁贷的重要职责。其次，为鼓励大众创业、万众创新，发展创新型经济，助力经济转型升级，政府应当支持新兴产业、新兴商业模式、新兴服务方式。最后，政府也应当发挥引导作用，通过各种方式推动企业健全规章制度，提升服务质量，完善安全措施，为用户提供迅速、准确、安全、方便的快递服务。

本条第二款是对政府自身的要求。公平竞争是市场经济的基本原则，是市场机制高效运行的重要基础。随着经济体制改革不断深化，全国统一市场基本形成，公平竞争环境逐步完善。但是，地方保护、区域封锁等不符合建设全国统一市场和公平竞争要求的现象仍然存在。为规范政府有关行为，《国务院关于在市场体系建设中建立公平竞争审查制度的意见》（国发〔2016〕34 号）要求，对相关规章、规范性文件和其他政策措施，应当进行公平竞争审查。本条规定与国务院文件相互衔接，实际上是要求地方人民政府按国务院部署开展公平竞争审查，确保政府行为符合公平竞争要求和相关法律法规的规定，维护快递业竞争秩序。

第四条 任何单位或者个人不得利用信件、包裹、印刷品以及其他寄递物品（以下统称快件）从事危害国家安全、社会公共利益或者他人合法权益的活动。

除有关部门依照法律对快件进行检查外，任何单位或者个人不得非法检查他人快件。任何单位或者个人不得私自开拆、隐匿、毁弃、倒卖他人快件。

条文主旨

本条是关于快递安全的总体规定。本条的规定对于维护快递安全，进而保障国家安全、社会公共利益和他人合法权益具有重要作用。

本条包括以下内容：首先，明确宣示任何单位或者个人使用快递服务必须承担的义务，即不得利用快件从事危害国家安全、社会公共利益或者他人合法权益的活动。其次，对快件给予了严格的法律保护。检查快件必须有法律授权，依照法律的规定实施；任何单位或者个人不得实施妨害快件安全的行为，主要包括：非法检查、私自开拆、隐匿、毁弃、倒卖他人快件。最后，将“其他寄递物品”纳入快件范畴，为快递业进行商业模式和服务方式创新提供指引。

快递安全关系到国家安全、社会公共安全和人民生命财产安全。当前，快递安全形势比较复杂，不法分子可能利用快件从事危害国家安全、社会公共利益或者他人合法权益的活动，同时也存在各种妨害快件安全的行为。为此，本条对快递安全作了总体性规定，为具体制度设计明确原则。

释　义

一、关于"快件"的范围

在具体释义之前，需要首先对"快件"的概念作一个界定。《中华人民共和国邮政法》第八十四条中对"快递"和"快件"作了定义，快递是指"在承诺的时限内快速完成的寄递活动"，快件是指"快递企业递送的信件、包裹、印刷品等"。根据国务院常务会议的精神，经反复研究，最终决定本条例不对"快递"作定义性规定，而是对"快件"进行细化规定。主要考虑有三个方面：一是快递业发展很快，新业态、新模式不断涌现，行业发展实践丰富了快递的内涵和外延并有持续充实和不断拓展的趋势。二是《中华人民共和国邮政法》已原则规定了"快递"的含义，从立法技术的角度，本条例可不作重复。三是本条例多次出现"快件"的表述，而本条中是全文第一次使用该表述，有必要对其作概括式界定。根据《中华人民共和国邮政法》相关规定，本条将信件、包裹、印刷品以及其他寄递物品统称为快件。这里的"信件"主要是信函，信函是指以套封形式按照名址递送给特定个人或者单位的缄封的信息载体，不包括书籍、报纸、期刊等。这里的“包裹”，是指按照封装上的名址递送给特定个人或者单位的独立封装的物品，其重量不超过 50 千克，任何一边的尺寸不超过 150 厘米，长、宽、高合计不超过 300 厘米。这里的“印刷品”，是指用户交寄的除规定按信函寄递以外的书籍、报纸、期刊、教材、目录及其他各种印刷的图文资料的统称。这里的“其他寄递物品”，是指信件、包裹、印刷品以外的经过封装、有特定名址的物品。

二、关于快递安全

快递安全内涵丰富，可以从国家、社会、企业和用户四个层面来理解。国家层面的快递安全是指快递活动不得危害国家安全。社会层面的快递安全是指快递活动不得损害社会公共利益，不得侵害他人（用户和经营快递业务的企业以外）的合法权益。企业层面主要是指生产过程中的安全和职业病防护，保护职工的生命财产安全。用户层面主要是指快件自身的安全和信息安全。其中，企业层面的安全生产和职业病防护已有《中华人民共和国安全生产法》《中华人民共和国职业病防治法》等法律法规专门调整，本条作了衔接性规定，要求企业依法保护其从业人员的合法权益和建立健全安全生产责任制。关于另外三个层面的快递安全，本条第一款作了总体规定，任何单位或者个人不得利用快件从事危害国家安全、社会公共利益或者他人合法权益的活动。一是关于国家安全。任何单位或者个人不得利用信件、包裹、印刷品以及其他寄递物品从事危害国家安全的活动。《中华人民共和国国家安全法》、《中华人民共和国反间谍法》及其实施细则、《中华人民共和国刑法》分则第一章“危害国家安全罪”对危害国家安全的行为作了详细规定，凡是利用快件实施危害国家安全行为的，均违反了本条规定。二是关于社会公共利益。任何单位或者个人不得利用快件侵害社会公共利益。社会公共利益是我国法律中普遍使用的概念，民事法律、刑事法律、行政法律中均有采用，具体表现为和平、稳定的社会秩序和纯朴、善良的社会风俗习惯等。三是关于他人的合法权益。这里的合法权益范围比较广，任何单位或者个人不得利用快件侵害自然人、法人和非法人组织的合法权益。

根据《中共中央　国务院关于推进安全生产领域改革发展的意见》（中发〔2016〕32号），按照原中央综治办、公安部、国家安全部、国家邮政局等9部门联合印发的《关于加强邮件、快件寄递安全管理工作的若干意见》（中综办〔2014〕24号）明确的部门责任分工，快递安全保障工作直接涉及公安、交通运输、国家安全、海关、市场监管、铁路、民航等部门和邮政管理部门的职责。要坚持系统治理、多方发力、综合施策，科学界定地方属地责任、部门监管责任、企业主体责任，实行全社会、全要素、全方位治理，织密齐抓共管、系统治理的快递安全保障网。

三、关于快件保护

本条第二款规定了对快件本身的保护，包括两个方面：一是保护公民的通信自由和通信秘密，二是快件作为财产，应当依法予以保护。公民的通信自由和通信秘密受法律保护是宪法赋予公民的权利。《中华人民共和国宪法》第四十条明确规定："中华人民共和国公民的通信自由和通信秘密受法律的保护。除因国家安全或者追查刑事犯罪的需要，由公安机关或者检察机关依照法律规定的程序对通信进行检查外，任何组织或者个人不得以任何理由侵犯公民的通信自由和通信秘密。"《中华人民共和国邮政法》第三条对宪法的规定作了重申，第七十一条还明确规定了相关违法行为的法律责任。本条禁止的"私自开拆"，是指违反法律以及国家有关规定，未经寄件人或者收件人同意，擅自开拆他人快件的行为。“隐匿”是指秘密隐藏他人交寄的快件，使收件人无法查收、寄件人无法查寻的行为。“毁弃”是指毁坏、毁损或者丢弃他人的快件，致使收件人无法查收、寄件人无法查寻的行为。“倒卖”是指没有法律、行政法规的授权，也未经寄件人或者收件人同意，将快件实物或者内件物品的实物非法转卖他人的行为。“非法检查”是指违反法律规定，擅自检查他人快件的行为。这里强调检查快件的依据必须是法律，例如，国家安全机关、公安机关、检察机关、监察机关依据国家安全、刑事等方面的法律规定检查快件，邮政管理部门依照《中华人民共和国邮政法》的规定检查快件，海关依照出入境管理和检验检疫方面的法律规定检查快件。任何单位或者个人没有法律依据检查快件的，就属于“非法检查”。本条例第四十二条设定了法律责任，强化对用户快件的保护力度。

第五条　**国务院邮政管理部门负责对全国快递业实施监督管理。国务院公安、国家安全、海关、工商行政管理、出入境检验检疫等有关部门在各自职责范围内负责相关的快递监督管理工作。**

省、自治区、直辖市邮政管理机构和按照国务院规定设立的省级以下邮政管理机构负责对本辖区的快递业实施监督管理。县级以上地方人民政府有关部门在各自职责范围内负责相关的快递监督管理工作。

条文主旨

本条是关于快递业管理体制的规定。本条通过明确快递业的监督管理体制，为落实本条例的各项制度提供了组织保障。

本条包括以下内容：在中央层面，国家邮政局作为国务院邮政管理部门是快递业的主管部门，负责对全国快递业实施监督管理；国务院公安、国家安全、海关、市场监管等有关部门在各自职责范围内负责相关的快递监督管理工作。在地方层面，省、自治区、直辖市邮政管理局和省级以下邮政管理机构是本辖区快递业的主管部门，负责对本辖区的快递业实施监督管理；县级以上地方人民政府有关部门（公安、市场监管等）在各自职责范围内负责相关的快递监督管理工作。《中华人民共和国邮政法》第四条规定邮政管理部门负责对邮政市场实施监督管理。本条以此为依据对快递业的监督管理体制作了相应规定。同时，快递活动还涉及其他政府部门，本条一并作了规定。

释 义

依照《中华人民共和国邮政法》第四条以及《国务院关于印发邮政体制改革方案的通知》（国发〔2005〕27号）、《国务院办公厅关于印发国家邮政局主要职责内设机构和人员编制规定的通知》（国办发〔2009〕21号）的规定，邮政管理部门是快递业的主管部门。在国务院部门层面，国家邮政局是国务院邮政管理部门，负责对全国快递业实施监督管理。国务院公安、国家安全、海关、市场监管等有关部门在各自职责范围内负责相关的快递监督管理工作。例如，公安部、国家安全部主要负责涉及快递的公共安全、国家安全、追查刑事犯罪活动等工作，海关总署主要负责关税征缴、出入境检验检疫等快件进出境监管工作，市场监管总局负责反不正当竞争、反垄断等执法工作。

地方层面的管理体制有所不同。《中华人民共和国邮政法》第四条第二款、第三款规定："省、自治区、直辖市邮政管理机构负责对本行政区域的邮政普遍服务和邮政市场实施监督管理”，“按照国务院规定设立的省级以下邮政管理机构负责对本辖区的邮政普遍服务和邮政市场实施监督管理。”根据国务院印发的《邮政体制改革方案》，设立省（区、市）邮政管理局。根据《国务院办公厅关于完善省级以下邮政监管体制的通知》（国办发〔2012〕6号），在27个省、自治区按照市（地）行政区划设置市（地）邮政管理局，在4个直辖市和海南省（除海口市、三亚市）跨区域设置若干邮政监管派出机构，负责本辖区邮政业监管的有关工作，同时将邮政管理体制由垂直管理调整为双重管理、以上级邮政管理部门为主。随着邮政管理体制改革的不断深化，在一些业务集中、情况特殊的县、县级市，上级邮政管理部门设立了监管机构，加强对县域邮政业的监督管理。省级和省级以下邮政管理机构的业务、机构编制、干部、财务等以上级邮政管理部门管理为主。

此外，地方人民政府有关部门也需承担相应的监督管理职责。本条第二款规定，县级以上地方人民政府有关部门在各自职责范围内负责相关的快递监督管理工作。此处没有具体列明实施监督管理的部门名称，主要是考虑到地方人民政府的机构设置和职能划分与国务院部门不完全对应。本款不列举地方人民政府的具体部门，各地可根据实际情况，依法明确有关部门履行法律、法规规定的快递监督管理职责。

第六条　国务院邮政管理部门和省、自治区、直辖市邮政管理机构以及省级以下邮政管理机构（以下统称邮政管理部门）应当与公安、国家安全、海关、工商行政管理、出入境检验检疫等有关部门相互配合，建立健全快递安全监管机制，加强对快递业安全运行的监测预警，收集、共享与快递业安全运行有关的信息，依法处理影响快递业安全运行的事件。

条文主旨

本条是关于部门间配合建立健全快递安全监管机制的规定。通过各部门有效协同配合，形成快递安全监管合力，以确保快递业的安全运行。

本条包括以下内容：首先，邮政管理部门应当与公安、国家安全、海关、市场监管等部门相互配合，建立健全快递安全监管机制，共同做好快递安全监管工作。其次，快递安全监管协同配合的工作内容包括加强对快递业安全运行的监测预警，收集、共享与快递业安全运行有关的信息，依法处理影响快递业安全运行的事件。

当前，快递安全保障压力较大，迫切需要依法加强监督管理。快递业安全监管又涉及多个部门，需要协同配合，建立健全执法协作机制，本条对此作了相应规定。

释　义

快递市场发展很快，经营主体日趋多元，安全监管难度加大，现有安全保障机制覆盖不到位的问题日益突出。快递安全管理涉及多个环节、多个方面，包括危险物品源头防控、意识形态安全维护、产业安全保护、安全生产保障、突发事件应对等内容，需要有关部门加强配合。近年来，随着跨境电子商务快速发展，快递已成为支撑跨境电子商务零售的重要渠道，既需要加强对出入境快件的监管，也要通过出台便利通关政策，寓管理于服务，促进快递业健康有序发展。这些工作，单独依靠一个部门无法做到，需要充分发挥有关部门的职能合力，建立健全相互配合的有效工作机制，保障快递业安全稳定运行。

依照本条规定，各级邮政管理部门需要自上而下地与公安、国家安全、海关、市场监管、应急管理等部门切实建立起一整套运行有效、监督有力的快递安全监管机制。有关部门应当按照职能分工，各司其职，密切配合，最大限度发挥部门协作优势，通过监管信息共享，打破“信息孤岛”，形成工作合力，提高监管效率，在加强监管的同时减轻企业负担。各地应当逐级建立相应的工作协调机制、信息共享机制，已经建立的部门间协作配合机制也应当进一步强化并切实发挥作用。

第七条　**依法成立的快递行业组织应当保护企业合法权益，加强行业自律，促进企业守法、诚信、安全经营，督促企业落实安全生产主体责任，引导企业不断提高快递服务质量和水平。**

条文主旨

本条是关于快递行业组织职责和作用的规定。本条的规定对于创新政府管理方式、转变政府职能、加强行业自律具有重要意义。

本条包括以下内容：依法成立的快递行业组织（主要指快递行业协会)，应当发挥好服务、自律、督促、引导等方面的作用，即保护企业合法权益，加强行业自律，促进企业守法、诚信、安全经营，督促企业落实安全生产主体责任，引导企业不断提高快递服务质量和水平。

随着政府职能转变的深化和市场经济体制的不断完善，行业组织的地位和作用越来越重要。政府对快递服务依法实施监督管理的同时，还应当充分发挥行业组织的作用。《中华人民共和国邮政法》第六十条第一款规定："经营快递业务的企业依法成立的行业协会，依照法律、行政法规及其章程规定，制定快递行业规范，加强行业自律，为企业提供信息、培训等方面的服务，促进快递行业的健康发展。"根据这一规定和实践中的新情况，本条对行业组织的职责和作用作了补充、完善。

释　义

本条明确规定了依法成立的快递行业组织的作用和责任。

一是保护企业合法权益。作为以实现会员共同意愿为目的，按照其章程开展活动的非营利性社会组织，保护会员企业的合法权益，是快递行业组织的一项基本职责。快递行业组织作为快递业信息沟通的桥梁与平台，既可以协调会员企业与消费者、其他组织的关系，也可以向政府部门反映企业或者行业的合理意见、建议和正当诉求，代表快递业发声，维护行业信誉。

二是加强行业自律。通过自律，促进企业守法、诚信、安全经营。发挥自律作用是行业组织的重要职责。加强自律有很多方式，包括依照《中华人民共和国邮政法》以及本条例的规定，结合快递服务的特点制定行规行约；开展行业服务质量测评、企业分等分级、快递服务标准宣贯等活动；配合邮政管理部门推进快递业诚信体系建设等。通过组织会员企业开展学术研究和交流，举办各类培训，提供法律、政策、技术、管理等咨询服务，促进企业守法、诚信、安全经营。

三是督促企业落实安全生产主体责任。做好安全生产工作，除了强化和落实生产经营单位的主体责任，加强政府监督管理以外，还要充分发挥有关行业组织的作用。从实际情况看，有关行业组织在安全生产工作中发挥的作用越来越重要。本条规定主要强调的是，快递行业组织应当对企业落实安全生产主体责任进行督促，建立会员企业自我约束、安全合规经营的行业内部机制。

本条强调行业组织的职责和作用，最终目的是要引导企业提高快递服务质量和水平。这一落脚点贯彻了“促进快递业健康发展”的立法目的。

第八条　国家加强快递业诚信体系建设，建立健全快递业信用记录、信息公开、信用评价制度，依法实施联合惩戒措施，提高快递业信用水平。

条文主旨

本条是关于加强快递业诚信体系建设，加强信用管理的规定。推进快递业信用管理，是构建公平、诚信市场环境的治本之策，是创新快递业监督管理和加强事中事后监管的重要举措，也是维护快递用户合法权益、营造和谐消费环境的有力手段。

本条包括以下内容：首先，国家建设快递业诚信体系，建立健全快递业信用记录、信息公开、信用评价等制度。其次，有关国家机关沟通协作，共享信用信息，完善失信联合惩戒机制，依法实施联合惩戒措施。

市场经济是信用经济，信用体系是市场经济体制中的重要制度安排。近年来，快递业在迅速发展的同时，企业间对快件损失赔偿推诿扯皮、从业人员分拣作业不规范、非法提供用户信息、盗窃快件内件等现象不同程度存在，既严重损害了行业形象，侵害了用户合法权益，也对快递业健康发展造成不利影响。为进一步提高行业治理水平，本条对快递业信用管理作出规定。

释　义

一、加强快递业诚信体系建设

社会信用体系是社会主义市场经济体制和社会治理体制的重要组成部分。我国正处于经济社会转型的关键期，利益主体更加多元化，社会组织形式及管理方式也在发生深刻变化。健全社会信用体系，加快构建以信用为核心的新型市场监管体制，有利于进一步推动简政放权和政府职能转变，营造公平诚信的市场环境。国务院印发的《社会信用体系建设规划纲要（2014－2020年）》(国发〔2014〕21号）明确提出："推进批发零售、商贸物流、住宿餐饮及居民服务行业信用建设，开展企业信用分类管理。"基于此，本条对推进快递业诚信体系建设、加强信用管理作了明确要求。

二、建立健全快递业信用记录、信息公开、信用评价制度

健全覆盖社会成员的信用记录是社会信用体系的基础和基本要求。对快递业来说，就是要发挥政府、行业、市场的力量和作用，加快推进信用信息系统建设，完善关于经营快递业务的企业的信用信息的记录、整合和应用，通过推动信用信息公开制度，及时公开快递业有关主体的信用信息，开展行业信用评价，实施信用分类监管。这也是形成守信激励和失信惩戒机制的基础和前提。国家邮政局制定了《快递业信用管理暂行办法》，对建立守信激励和失信惩戒机制进行了尝试。

三、依法实施联合惩戒措施

社会信用体系以法律、法规、标准和契约为依据，以守信激励和失信约束为奖惩机制。《国务院关于建立完善守信联合激励和失信联合惩戒制度加快推进社会诚信建设的指导意见》（国发〔2016〕33 号）明确提出，“依法依规运用信用激励和约束手段，构建政府、社会共同参与的跨地区、跨部门、跨领域的守信联合激励和失信联合惩戒机制”，“加大对诚信主体激励和对严重失信主体惩戒力度，让守信者受益、失信者受限，形成褒扬诚

信、惩戒失信的制度机制”。本条规定联合惩戒措施，就是为快递业依法实施联合惩戒提供依据，也是快递业诚信体系建设的必然要求。邮政管理部门应当加强与发展改革、公安、交通运输、商务、人民银行、海关、税务、市场监管、应急管理等有关部门和司法机关的沟通协作，实现信用信息共享，完善失信联合惩戒机制，依法实施联合惩戒措施。就快递业而言，实施联合惩戒的重点领域有：一是快递生产存在重大安全隐患，严重危害人民群众身体健康和生命安全的行为；二是严重破坏快递市场公平竞争秩序的行为；三是拒不履行法定义务，严重影响司法机关、行政机关公信力的行为等。对严重失信主体，应当将其列为重点监管对象。对严重失信企业及其法定代表人、主要负责人等，可以实施快递业禁入措施。支持行业组织完善行业内部信用信息采集、共享机制，将严重失信行为记入会员信用档案等。

归根结底，实施上述三项措施的目的，都是通过开展快递业诚信体系建设，积极引导经营快递业务的企业确立诚实守信的经营理念，规范企业市场行为，帮助企业获取市场信任，提高行业信用水平。

第九条　国家鼓励经营快递业务的企业和寄件人使用可降解、可重复利用的环保包装材料，鼓励经营快递业务的企业采取措施回收快件包装材料，实现包装材料的减量化利用和再利用。

条文主旨

本条是关于经营快递业务的企业和寄件人使用绿色环保包装材料，采取措施回收包装材料以节约资源、保护环境的规定。快递业实施绿色包装，妥善处理快递废弃包装物，对于节约资源、保护生态环境和促进快递业高质量发展具有重大意义。

本条包括以下内容：首先，鼓励经营快递业务的企业和寄件人使用可降解、可重复利用的环保包装材料，现阶段尤其鼓励使用符合2018年版《快递封装用品》系列国家标准的包装材料。其次，鼓励经营快递业务的企业采取措施回收快件包装材料，对已经使用的包装材料进行回收并统一处理，实现包装材料的减量化利用和再利用。

快件包装数量较大、增长较快，包装废弃物对环境造成的影响成为社会关注的问题。解决这一问题是一项系统性、复杂性工程，需要广泛动员、持续发力。为此，本条对快递业使用绿色包装作出制度安排。

释　义

绿色发展是构建高质量现代化经济体系的必然要求，是解决污染问题的根本之策。随着我国快递业的迅速发展，快件包装的后续处理问题日益被社会所关注。传统包装材料过度使用、难以回收利用等问题较为突出。快递业必须树立绿色发展理念，坚持节约资源、保护环境的发展方式，大力推进快件包装的绿色化、减量化和可循环，以实现高质量和可持续的发展。

依照本条的规定，结合国家邮政局、国家发展改革委等10部门联合印发的《关于协同推进快递业绿色包装工作的指导意见》（国邮发〔2017〕86号），需要从以下方面推进实施快件包装绿色化：

一是鼓励经营快递业务的企业和寄件人使用可降解、可重复利用的环保包装材料。从主体看，包括经营快递业务的企业和寄件人两个方面。一方面，鼓励经营快递业务的企业在日常经营中主动选择可降解、可重复利用的包装材料。另一方面，有的寄件人，特别是电商企业在交寄快件前已预作包装，因此也对寄件人使用环保包装材料提出了相应要求。考虑到可降解、可重复利用的包装材料一般成本较高，为减少对企业自主经营行为的干预，避免给企业增加负担，采用鼓励的方式引导经营快递业务的企业、寄件人主动采取相应行为，积极承担环保责任。

二是鼓励经营快递业务的企业采取措施回收快件包装材料。这是对经营快递业务的企业承担相应社会责任提出的要求，旨在鼓励企业建立相应制度，依托现有服务网络，积极回收包装材料，通过基层快递网点对已经使用过的包装箱、塑料袋等材料进行回收并统一处理，可重复利用的重复利用，不可重复利用的进行无害化处理，促进包装材料的减量化利用和环保材料的再利用。鼓励经营快递业务的主要品牌企业和环卫企业、回收企业联合开展“快递业 + 回收业”定向合作试点。

三是完善快递业绿色包装法规标准。制定快递业实施绿色包装的配套制度，尝试建立快递包装监测指标体系，完善快递业绿色包装标准体系，制定实施快件包装相关绿色产品评价标准，推广标准托盘，加快推动相关标准有效衔接。

四是加强快件绿色包装产品供给使用。引导和支持各类企业加大对快件绿色包装产品研发、设计和生产的投入，健全快件包装生产者责任延伸制，鼓励生物基材料环保包装制品的研发、生产和使用。鼓励在电商产品和快递的仓储、运输、配送、分拣、加工全过程推进可循环包装、减量包装和可降解包装。

五是实施快件包装产品绿色认证。构建统一的快件包装产品绿色标准、认证、标识体系。按照“公平、公正、公开、自愿”的原则开展快件包装产品绿色认证，引导和支持电商企业、经营快递业务的企业使用绿色包装产品。

第二章　发展保障

本条例充分发挥立法的引领作用，贯彻保障发展的立法定位，在总则之后设立专章对快递业发展的支持措施进行了规定。包括快递业发展规划与地方政府保障责任、农村偏远地区快递服务网络、快递业科技创新、快递服务车辆便捷通行与管理、快递末端服务、上下游产业协同发展、跨境快递业务与便捷通关等条款。

第十条　**国务院邮政管理部门应当制定快递业发展规划，促进快递业健康发展。**

县级以上地方人民政府应当将快递业发展纳入本级国民经济和社会发展规划，在城乡规划和土地利用总体规划中统筹考虑快件大型集散、分拣等基础设施用地的需要。

县级以上地方人民政府建立健全促进快递业健

康发展的政策措施，完善相关配套规定，依法保障经营快递业务的企业及其从业人员的合法权益。

条文主旨

本条是关于国家邮政局制定快递业发展规划和地方人民政府将快递业发展纳入当地国民经济和社会发展规划，统筹考虑快递基础设施用地需要以及建立健全促进快递业健康发展政策措施的规定。快递业发展规划是统筹引领快递业发展的战略蓝图，具有前瞻性和导向性。以规划编制衔接为依托，明确地方人民政府对快递业发展的保障责任，可以充分发挥地方的积极性，有效落实国家促进快递业健康发展的方针政策。

本条包括以下内容：首先，国家邮政局应当制定快递业发展规划，编制规划应当建立健全公众参与制度，充分发挥专家的作用。快递业发展规划应当纳入国民经济和社会发展规划体系，并与国家总体规划、有关专项规划做好衔接。其次，县级以上地方人民政府应当将快递业发展纳入本级国民经济和社会发展规划，在城乡规划和土地利用总体规划中统筹考虑快递基础设施用地的需要。最后，县级以上地方人民政府应当建立健全促进快递业健康发展的政策措施，着力完善相关配套规定，依法保障经营快递业务的企业及其从业人员的合法权益。

制定发展规划、加强规划衔接是促进快递业发展的重要措施，也是在快递领域更好发挥政府作用的关键举措。快递业对地方经济和社会发展具有重要的服务和促进作用，地方人民政府有必要给予相应的支持和保障。基于此，本条作了相应规定。

释　义

一、国家邮政局应当制定快递业发展规划

党中央、国务院高度重视快递业发展，国家“十三五”规划纲要多处明确了“快递”发展内容，《国务院关于促进快递业发展的若干意见》（国发〔2015〕61 号）要求“编制快递业发展‘十三五’规划和重点区域规划”。本条第一款的规定符合党中央、国务院的总体部署，将国务院政策文件的要求固化为行政法规的制度规范。本条第一款的规定强化了国家邮政局的规划编制职能。在此之前，国家邮政局是依照国务院办公厅印发的《国家邮政局主要职责内设机构和人员编制规定》的要求，拟订行业发展战略、规划。自《中华人民共和国邮

政法》明确快递企业的法律地位后，国家邮政局始终是快递业发展规划的编制主体，规划工作成效明显。本条第一款的规定，以国务院行政法规的形式将该职能由“拟订”明确为“制定”，进一步强调了国家邮政局编制快递业发展规划的职责。

实践中，快递业发展规划的体现方式包括：一是制定邮政业发展总体规划，规划中涵盖快递发展内容；二是制定全国及区域快递专项规划，专门指导快递业发展；三是制定其他专项规划，规划中含有快递发展内容。快递业发展规划是邮政业规划体系的重要组成部分，是邮政业发展总体规划在快递领域的细化，是指导快递业发展、制定相关政策和安排重大建设项目的依据。依照《国务院关于促进快递业发展的若干意见》（国发〔2015〕61号）的要求和国务院关于规划编制的有关意见，编制快递业发展规划，应当加强相关规划间的有效衔接，应当与国民经济和社会发展规划纲要以及综合交通运输、物流业、现代服务业、电子商务、物流园区等专项规划做好衔接，将快递业发展纳入国家经济社会发展的大局之中统筹考虑、一体谋划。

二、地方人民政府将快递业发展纳入当地国民经济和社会发展规划，统筹考虑快递基础设施用地需要

（一）将快递业发展纳入当地国民经济和社会发展规划

将快递业发展纳入当地国民经济和社会发展规划中，可以更充分地发挥快递业推动流通方式转型、促进消费升级、创造就业岗位的重要作用。为此，本条第二款规定：县级以上地方人民政府应当将快递业发展纳入本级国民经济和社会发展规划。实践中，地方上积极贯彻落实国务院的总体部署，地方立法作了相应规定，如《福建省促进快递行业发展办法》第七条第一款规定，“县级以上人民政府应当将快递行业发展纳入国民经济和社会发展规划”。具体工作中，省级和省级以下邮政管理机构负责研究提出本辖区快递业发展规划，并推动地方人民政府将促进快递业发展的重点任务、工程和项目纳入当地国民经济和社会发展规划。

（二）在城乡规划和土地利用总体规划中统筹考虑快递基础设施用地需要

城乡规划，是指政府在一定时期内对城市、镇、乡、村庄的建设布局、土地利用以及经济和社会发展等有关

事项进行的总体安排和部署，是政府指导和调控城乡建设和发展的基本手段之一。城乡规划体系一般由城镇体系规划、城市规划、镇规划、乡规划和村庄规划组成。土地利用规划包括土地利用总体规划以及年度计划。其中，土地利用总体规划是指根据国家和经济社会可持续发展的要求以及当地自然、经济、社会条件，在一定区域内对土地的开发、利用、治理、保护在空间、时间上所作的总体安排和布局。依照《中华人民共和国土地管理法》第二十二条第二款规定："城市总体规划、村庄和集镇规划，应当与土地利用总体规划相衔接，城市总体规划、村庄和集镇规划中建设用地规模不得超过土地利用总体规划确定的城市和村庄、集镇建设用地规模。"快件大型集散、分拣等基础设施对保障快递业运行发挥着支撑性作用，需要占用一定面积的土地统筹规划建设。为保证快递基础设施建设到位，本条第二款规定，县级以上地方人民政府应当在城乡规划和土地利用总体规划中统筹考虑快件大型集散、分拣等基础设施用地的需要。

本条第二款的规定，首次从行政法规的层面将快递设施明确为基础设施。依照本条第二款的规定和《国务院办公厅关于推进电子商务与快递物流协同发展的意见》（国办发〔2018〕1号）关于“快递物流相关仓储、分拨、配送等设施用地须符合土地利用总体规划并纳入城乡规划”的要求，地方人民政府及其城乡规划主管部门、土地行政管理部门应当根据省级和省级以下邮政管理机构提出的快递基础设施用地需求，将快件集散中心、分拣场所、快递专业类物流园区以及快递营业场所、投递处理场所等基础设施建设纳入当地城乡规划和土地利用总体规划予以相应保障，以满足快递业发展需要。需要注意的是，为在城乡规划和土地利用总体规划中保障快递基础设施布局建设，在编制控制性详细规划时，应当明确快递基础设施的布局位置和建设规模。

三、地方人民政府建立健全促进快递业健康发展的政策措施

快递业在促进地方经济发展，助力现代经济体系建设，支撑电子商务，扩大就业，保障和改善民生等方面发挥着重要作用。为充分发挥中央和地方两个积极性，做到中央事权与地方事权有机结合，保障国家关于促进快递业发展的政策措施有效落实，本条第三款规定：“县级以上地方人民政府建立健全促进快递业健康发展的政策措施，完善相关配套规定，依法保障经营快递业务的企业及其从业人员的合法权益。”

依照本条第三款的规定，地方人民政府根据国家保障快递业发展的政策措施，结合本地区实际情况，制定细致完备、切实可行的配套实施规定，确保国家政策措施落地生根。地方人民政府制定的促进快递业健康发展的政策措施，应当以优化快递业营商环境，依法保障经营快递业务的企业及其从业人员的合法权益为主要内容，重点解决束缚快递业发展的突出问题，如建设用地、车辆通行、产业协同、投资融资以及快递从业人员权益保障等问题。例如，《福建省人民政府关于支持快递业加快发展七条措施的通知》（闽政〔2015〕62 号）、《天津市人民政府办公厅关于印发我市支持快递业加快发展十项措施的通知》（津政办发〔2016〕98 号）和《泉州市人民政府办公室关于创建中国快递示范城市促进快递服务业发展八条措施的通知》（泉政办〔2015〕88 号）等文件，从实施用地优惠政策、优化行业管理服务、推动产业集聚发展、推进企业技术创新、加大财政扶持力度等方面提出了支持当地快递业加快发展的一系列举措。

第十一条　国家支持和鼓励经营快递业务的企业在农村、偏远地区发展快递服务网络，完善快递末端网点布局。

条文主旨

本条是关于支持和鼓励发展农村、偏远地区快递服务网络的规定。本条规定对于保障农村、偏远地区用户享受快递服务，促进实施乡村振兴战略，实现区域协调发展具有重要作用，也肯定了快递日益突显的公共服务属性。

本条包括以下内容：国务院有关部门和地方人民政府应当采取措施对经营快递业务的企业在农村、偏远地区发展快递服务网络给予支持和鼓励。邮政管理部门应当加强与地方有关部门的工作对接，推动健全农村、偏远地区快递服务网络，完善快递末端网点布局。

解决农村、偏远地区快递服务发展的不平衡、不充分问题，满足广大人民群众对美好生活的新需要，是快递服务民生的重要着力点，本条对此作了相应规定。

释　义

新时代我国社会主要矛盾已经转化为人民日益增长

的美好生活需要和不平衡不充分的发展之间的矛盾。从国情看，我国最大的发展不平衡是城乡发展不平衡，最大的发展不充分是农村、偏远地区发展不充分。这在快递服务领域同样比较突出，快递服务主要集中于城市、经济发达地区，部分农村、偏远地区还存在快递服务不通、服务费用较高的现象。一方面，广大农村、偏远地区对快递服务的需求迫切。2017 年，我国农村地区网络零售额 12448.8 万元，同比增长 39.1%，较全国网络零售额增速高近 7 个百分点；西部地区网络零售额增长 45.2%，比东部地区高 12 个百分点。另一方面，实物配送网络不完善已经成为制约发展的短板。2016 年末全国仅有 25.1% 的行政村有电子商务配送站点。网购商品需要快递完成实物交付，工业品下乡、农产品进城需要快递进行支撑。《中共中央　国务院关于实施乡村振兴战略的意见》（中发〔2018〕1 号）提出："支持供销、邮政及各类企业把服务网点延伸到乡村，健全农产品产销稳定衔接机制，大力建设具有广泛性的促进农村电子商务发展的基础设施，鼓励支持各类市场主体创新发展基于互联网的新型农业产业模式，深入实施电子商务进农村综合示范，加快推进农村流通现代化。"《中共中央　国务院关于深入推进农业供给侧结构性改革　加快培育农业农村发展新动能的若干意见》（中发〔2017〕1号）提出："推动商贸、供销、邮政、电商互联互通，加强从村到乡镇的物流体系建设，实施快递下乡工程。"为发挥快递在农村地区电子商务发展和城乡之间商品流通的基础支撑作用，推进实施乡村振兴战略，切实满足农村、偏远地区用户对快递服务的需要，本条根据中央有关精神，对支持和鼓励农村、偏远地区快递服务网络发展作出规定。

近年来，国家高度重视农村、偏远地区快递服务网络发展。国家邮政局、商务部联合印发《关于推进"快递向西向下"服务拓展工程的指导意见》（国邮发〔2015〕107号）提出："鼓励快递企业加强中西部、农村地区自营网点建设，提高网点的覆盖率和稳定性，实现市、县基本覆盖。鼓励全网型快递企业在农产品跨区域流通中发挥重要作用。强化快递枢纽、服务网点与重点农产品、农资、农村消费品集散中心的有效对接，引导有条件、有能力的快递企业在特色经济乡镇、交通枢纽乡镇等地区建设较高标准的服务网络。"地方人民政府也制定了支持、鼓励措施，如《湖北省人民政府关于促进全省快递业健康发展的实施意见》（鄂政发〔2016〕64号）提出：

“鼓励快递企业加快农村网络布局，推动电商快递渠道下沉。结合农村特点，推动快递企业深化与各类涉农机构和企业合作，培育新型农村电商快递主体。整合利用现有邮政、供销、交通等资源，推动县级仓储配送中心建设，依托农村服务中心、农家店、农资店、供销社、客（货）运场站、村邮站以及‘万村千乡’‘美丽乡村’村级综合服务社等平台搭载快递服务，打通农产品进城和工业品下乡渠道，加快构建布局合理、双向高效、种类丰富、服务便利的农村电商快递服务体系。”

根据本条的规定，对经营快递业务的企业在农村、偏远地区发展快递服务网络，国务院有关部门和地方人民政府可以在规划引导、资金补贴、土地使用、设施建设等方面给予支持和鼓励。邮政管理部门可以据此进一步加强与地方发展改革、财政、土地、商务、交通运输、农业等部门的工作对接，开展多种形式的合作，推动健全农村、偏远地区快递服务网络。同时，邮政管理部门还可以引导企业通过开展合作，充分发挥现有农村邮政营业场所以及村邮站或者其他形式便民服务、电子商务配送站点的效用，搭载快递服务。经营快递业务的企业需要抓住国家实施乡村振兴战略的契机，担负起社会责任，培育新增长点，完善农村、偏远地区快递服务末端网点布局。

第十二条　国家鼓励和引导经营快递业务的企业采用先进技术，促进自动化分拣设备、机械化装卸设备、智能末端服务设施、快递电子运单以及快件信息化管理系统等的推广应用。

条文主旨

本条是关于鼓励、促进快递业推广应用先进技术装备和信息化管理的规定。本条规定对于提高快递业的科技创新能力和技术装备水平，建设快递强国具有重要作用。

本条包括以下内容：国家采取措施鼓励、引导经营快递业务的企业进行科技创新和采用先进技术；工作重点是支持推广应用自动化分拣设备、机械化装卸设备、智能末端服务设施、快递电子运单以及快件信息化管理系统等。

我国正在加快建设创新型国家，大力推进科技强国、网络强国、数字中国、智慧社会建设。经营快递业务的企业应当依托科技创新驱动发展，大力推进快递与互联网、大数据、云计算、人工智能等深度融合，加快应用先进技术装备和信息化管理技术，提升快递运营效率和用户服务体验，实现节省资金、节省人力、节省时间，增加服务品种、提升服务品质、打造服务品牌的目标。对此，本条作了引导性规定。

释　义

快递业科技创新步伐加快，科技进步带动了生产组织和服务模式调整变革，推动了运营能力和管理水平大幅提升。但快递业仍然面临科技创新基础薄弱、统筹规划不够、主体意识不强等突出问题。国家对快递业科技创新高度重视。《国务院关于促进快递业发展的若干意见》（国发〔2015〕61 号）提出："鼓励快递企业充分利用移动互联、物联网、大数据、云计算等信息技术，优化服务网络布局，提升运营管理效率，拓展协同发展空间，推动服务模式变革，加快向综合性快递物流运营商转型。"《国务院办公厅关于推进电子商务与快递物流协同发展的意见》（国办发〔2018〕1 号）提出："提高科技应用水平。鼓励快递物流企业采用先进适用技术和装备，提升快递物流装备自动化、专业化水平。加强大数据、云计算、机器人等现代信息技术和装备在电子商务与快递物流领域应用，大力推进库存前置、智能分仓、科学配载、线路优化，努力实现信息协同化、服务智能化。”

按照本条规定和国家有关要求，快递业应当深入贯彻党的十九大精神，充分发挥科技创新的引领作用和企业在科技创新中的主体作用，以信息化为驱动，不断提高快递业技术装备先进水平和信息化管理能力。工作的基本着力点有：

1. 推进服务智能化。鼓励经营快递业务的企业开发基于互联网和移动互联网的应用平台，丰富自助下单、全程跟踪、电子支付、用户投诉与赔偿、产业互联等服务功能，提高用户满意度。推广应用二维码、电子签名、射频识别（RFID）等新技术，提升快递服务的便捷性和安全性，保护快递用户信息。应用智能快件箱等智能末端服务设施，丰富快件收寄方式，提供全天候快件投递服务。

2. 促进生产自动化。推广应用自动装卸、传输和分拣等先进设备，提高装备水平，提升作业效率。加大智能柔性设备投入，优化作业流程，降低劳动强度。在业务集中度高、处理量大的分拣转运等中心，积极应用集成技术，实现快件的自动分拣和快速转运。深入推广数据分单、数据派单等技术应用，提升生产效能，提高运行效率。加大对生产流程的优化调整力度，提前接入并预先处理收寄验视、安全检查等相关数据，强化安全防范措施，提升安全防范能力和水平。

3. 实施协同信息化。加快融入生产、流通和消费等环节，形成内嵌式的协同作业模式和标准化的协同作业流程，提升协同处理能力。实现与关联企业的信息互通和共享，实时掌握服务需求，高效调配生产人员、运输车辆和仓储场地等资源，提高服务响应速度。依托信息化手段，加强高峰时期重点地区快递服务信息反馈与预警，引导关联企业采取分流调节等措施，共同保障服务质量。为关联企业提供逆向物流、仓配一体化、供应链管理等增值服务，拓展服务空间，更好推动产业链上下游协同发展。

4. 促进运输高效化。充分利用现代综合交通运输体系，大力实施“上车、上船、上飞机”，拓展服务网络，提高运载效率。运用大数据仿真，设计最优路网拓扑结构，优化企业运输网络，高效运用汽车、火车、飞机和轮船等不同运输资源。积极争取快件处理中心、运输通道、接驳场所等与交通运输枢纽同步规划、同步建设，提升基础设施服务能力。积极发展高铁快递和电商快递班列。推广标准化集装容器，积极发展多式联运、甩挂运输和甩箱运输方式，提高转接速度和集约化运营水平。

5. 实现管理科学化。加快大数据及云平台等基础设施建设，推动信息化应用向“快递云”平台迁移。充分运用云计算、大数据等信息技术，优化整合快件全生命周期数据，及时监测分析业务发展、内部运营和服务能力等变化情况，提高管理决策的针对性、科学性和时效性。挖掘业务数据的实用价值，精准研判用户需求和市场状况等信息，为用户提供个性化服务，培育新的业务增长点。

国务院有关部门应当从完善机制、资金投入、金融扶持、税收减免、知识产权保护等方面对快递业的科技创新给予引导、鼓励和支持。

第十三条　县级以上地方人民政府公安、交通运输等部门和邮政管理部门应当加强协调配合，建

立健全快递运输保障机制，依法保障快递服务车辆通行和临时停靠的权利，不得禁止快递服务车辆依法通行。

邮政管理部门会同县级以上地方人民政府公安等部门，依法规范快递服务车辆的管理和使用，对快递专用电动三轮车的行驶时速、装载质量等作出规定，并对快递服务车辆加强统一编号和标识管理。经营快递业务的企业应当对其从业人员加强道路交通安全培训。

快递从业人员应当遵守道路交通安全法律法规的规定，按照操作规范安全、文明驾驶车辆。快递从业人员因执行工作任务造成他人损害的，由快递从业人员所属的经营快递业务的企业依照民事侵权责任相关法律的规定承担侵权责任。

条文主旨

本条是关于快递服务车辆通行保障、快递服务车辆管理、快递从业人员道路交通安全义务、道路交通损害侵权责任的规定。本条规定旨在破解长期困扰快递业的车辆通行、停靠难题，并对快递服务车辆管理提出要求，彰显了权责一致的法治原则。

本条包括以下内容：首先，地方人民政府有关部门和邮政管理部门应当建立健全快递运输保障机制，通过制定配套实施制度依法保障快递服务车辆通行和临时停靠的权利，不得禁止快递服务车辆依法通行。其次，邮政管理部门会同县级以上地方人民政府有关部门，通过建立健全配套制度依法规范快递服务车辆的管理和使用；重点对快递专用电动三轮车的行驶时速、装载质量等作出规定，并对快递服务车辆实施统一编号、统一标识等管理措施。最后，经营快递业务的企业负有道路交通安全的主体责任，对从业人员因执行工作任务造成的道路交通损害承担用人单位责任，从业人员也应当切实履行道路交通安全义务。

高效、便捷的快递服务依赖快递服务车辆顺畅通行和便利停靠，但是，目前部分城市还存在快递服务车辆通行难的问题。同时，快递服务车辆也对城市交通秩序和环境治理带来一定影响。经营快递业务的企业用工形式多样，易导致道路交通损害赔偿责任主体不清，不利于保护受害人的合法权益。基于上述情况，本条作了相应规定。

释 义

一、依法保障快递服务车辆通行和临时停靠

快递服务与社会生产、人民生活密切相关，快递服务车辆的运递能力和水平，直接关系到快递全程时效和用户服务体验。近年来，为减少道路交通压力、缓解汽车尾气排放、规范道路通行秩序，国内许多大中型城市在运行区段和时间上对货运车辆采取严格限制，客观上造成了快递服务车辆进城难、停靠难问题，影响了快递业的发展和人民群众享受迅速、方便的快递服务。国家先后出台相关政策推动解决上述问题。《国务院关于促进快递业发展的若干意见》（国发〔2015〕61 号）提出："各地要规范快递车辆管理，逐步统一标志，对快递专用车辆城市通行和临时停靠作业提供便利。"《国务院办公厅关于推进电子商务与快递物流协同发展的意见》（国办发〔2018〕1 号）提出："指导各地完善城市配送车辆通行管理政策，合理确定通行区域和时段，对快递服务车辆等城市配送车辆给予通行便利。推动各地完善商业区、居住区、高等院校等区域停靠、装卸、充电等设施，推广分时停车、错时停车，进一步提高停车设施利用率。"

各地根据国家政策和当地实际也进行了有益探索，通过地方立法或者政策文件的形式给予快递服务车辆必要的通行、停靠便利。例如，《湖北省邮政条例》第三十四条第二款规定："对带有标识的快递运输、投递车辆，公安机关交通管理部门及其他有关部门应当根据城市交通状况，采取多种措施，在确保安全的前提下，为快递车辆的通行、停靠提供便利。"《江苏省邮政条例》第三十八条第一款规定："对标明企业标识的快递运输车辆，公安机关交通管理等相关部门应当按照国家和省有关部门关于城市配送车辆的管理规定，在车辆通行、停靠等方面提供便利。"本条第一款在总结各地实践经验基础上作了规定。据此，邮政管理部门应当会同县级以上地方人民政府公安、交通运输等部门，建立健全快递服务车辆运行保障机制，依照有关规定核准、认定快递服务车辆。对经过核准、认定的快递服务车辆可以在城区通行、临时停靠，相关部门不得禁止其依法通行。

本条所称"快递服务车辆"，主要有干线运输车辆、中转盘驳车辆、末端服务车辆，包括电动三轮车。快递专用电动三轮车具有机动灵活、低碳环保、性价比高等优势，是当前收寄、投递快件不可或缺的作业工具，也是现阶段快递末端服务最重要、最有效的运递工具，广泛应用于快递末端服务环节。地方上先后制定了保障快递专用电动三轮车通行的规定。例如，《福建省促进快递行业发展办法》第十二条第二款明确，“支持快递企业依法使用非机动车收投快件”。截至 2018 年 7 月底，全国有 130 多个城市出台了关于快递服务车辆通行的政策。

二、规范快递服务车辆管理和使用

快递服务车辆，尤其是快递专用电动三轮车在城市道路通行，可能给城市交通秩序和环境治理带来一定的影响，本条第二款对规范快递服务车辆的管理和使用作了规定。

（一）对快递专用电动三轮车的行驶时速、装载质量等作出规定

考虑到快递专用电动三轮车大多在非机动车道上行驶，有必要对其行驶速度和装载质量等作一定限制，这样既能保护非机动车道上其他车辆和人员的安全，又能保证快递从业人员自身安全和快件安全。对快递专用电动三轮车的行驶时速、装载质量等作出规定时，应当考虑以下两个方面：一是根据《中华人民共和国道路交通

安全法》第五十八条规定："残疾人机动轮椅车、电动自行车在非机动车道内行驶时，最高时速不得超过十五公里。" 2018 年修订的《电动自行车安全技术规范》（GB 17761－2018）强制性国家标准规定，"电动自行车最高设计车速不超过 25 公里/小时"。对快递专用电动三轮车行驶速度，可以结合地方道路通行状况作出具体规定。二是对快递专用电动三轮车装载质量作出限制时，应当注意平衡快递末端服务实际需求和车辆行驶安全要求。根据国务院有关精神，不以国家相关标准限制快递专用电动三轮车的通行。因此，应当结合地方实际，在保障上路通行、安全行驶的前提下，实现对快递专用电动三轮车的规范化管理。

（二）对快递服务车辆加强统一编号和标识管理

对快递服务车辆进行统一编号和标识管理，可以准确识别快递服务车辆，保障快递服务车辆合规通行、临时停靠的权利，也是规范快递服务车辆管理和使用的重要措施。《国务院办公厅关于推进电子商务与快递物流协同发展的意见》（国办发〔2018〕1 号）提出，鼓励各地对快递服务车辆实施统一编号和标识管理规范快递服务车辆运营管理。引导企业使用符合标准的配送车型，推动配送车辆标准化、厢式化。各地进行了有益探索，取得了很好的经验。如《陕西省邮政条例》第四十条第一款规定："快递企业运输快件的车辆经省邮政管理部门核定，喷涂快递企业专用标志，依法办理道路运输证。"《湖北省邮政条例》第三十四条第一款规定："省邮政管理部门和公安机关交通管理部门根据国家规定，结合本省实际对用于快递运输、投递的车辆在车型、车身标识等方面制定相应的规范。快递企业提供快递服务的专用车辆应当符合国家和本省的规定，并喷涂标识。"北京市《邮政寄递行业交通安全管理工作方案》第三条规定，"制定快递电动三轮车颜色、标识的统一标准和编码规则。各快递企业按照标准对电动三轮车进行登记、编码，并统一颜色和标识"。《广州市非机动车和摩托车管理规定》第十三条第二款规定："快递专用电动三轮车实行统一车身标识、安装车载定位系统终端监控设备、配额备案管理等管理措施，在规定的区域、线路、时间上道路行驶。"依照本条第二款的规定，邮政管理部门应当会同公安、交通运输等部门制定快递服务车辆管理、使用的具体规定。有关规定发布、施行前，不应影响快递服务车辆依照本条的规定继续行驶。

（三）经营快递业务的企业应当对其从业人员加强交通安全培训

经营快递业务的企业应当履行道路交通安全主体责任，将道路交通安全培训纳入从业人员安全生产教育培训体系，对从业人员进行《中华人民共和国道路交通安全法》及其实施条例、驾驶车辆的操作规范和安全要求等方面的教育，实行岗前培训与常态化日常培训相结合，建立对从业人员遵守道路交通安全的考核、评价机制。

需要注意的是，本条第一款中“县级以上地方人民政府公安、交通运输等部门和邮政管理部门”的责任主体表述，以及本条第二款中“邮政管理部门会同县级以上地方人民政府公安等部门”的责任主体表述，体现了邮政业务、机构编制、干部、财务等以上级邮政管理部门管理为主的体制特点，并强调了省（区、市）邮政管理局、市（地）一级邮政管理局、县级邮政管理机构与地方人民政府的组成部门配合推进相关工作的关系。同时，体现了国务院要求地方人民政府及其部门对快递业发展、对邮政管理工作给予支持的总体部署，从部门间工作协作的角度，肯定了快递业和邮政管理工作为地方经济社会发展做出的突出贡献。

三、快递从业人员道路交通安全义务和道路交通损害赔偿责任承担

本条第三款规定，“快递从业人员应当遵守道路交通安全法律法规的规定，按照操作规范安全、文明驾驶车辆”。这里的道路交通安全法律、法规包括《中华人民共和国道路交通安全法》及其实施条例等。快递从业人员应当遵守道路交通安全法律、法规关于驾驶人和道路通行的有关规定，遵守操作规范和安全要求。

快递从业人员违反道路交通安全法律、法规的，应当依法承担行政责任乃至刑事责任。因执行工作任务对他人人身、财产造成损害的，则由快递从业人员所属的经营快递业务的企业依照《中华人民共和国侵权责任法》等民事法律的规定承担侵权责任。《中华人民共和国侵权责任法》第三十四条第一款规定：“用人单位的工作人员因执行工作任务造成他人损害的，由用人单位承担侵权责任。”这在法律上称为“用人单位责任”或者“替代责任”。由于工作人员是为用人单位工作，用人单位可以从工作人员的工作上获得一定利益。因此，工作人员因工作产生的风险需要由用人单位承担。与工作人员相比，用人单位具有较强的经济能力。由用人单位承担民事赔偿责任，可以更好地保护被侵权人的权益，也有利于督促用人单位选任工作人员时尽到相当的谨慎和注意义务，并加强对工作人员的管理。对于使用劳务派遣人员的企业，劳务派遣人员因执行工作任务造成他人损害的，依照《中华人民共和国侵权责任法》第三十四条第二款的规定，是由接受劳务派遣的用工单位（经营快递业务的企业）承担侵权责任；劳务派遣单位有过错的，承担相应的补充责任。

通过劳务外包、劳务承揽等形式招用快递从业人员，因其执行工作任务造成他人损害的，经营快递业务的企业依照有关法律规定承担责任。为有效管控快递服务运营风险，有必要引导、鼓励经营快递业务的企业购买交通意外险或者第三者商业责任险。

第十四条　企业事业单位、住宅小区管理单位应当根据实际情况，采取与经营快递业务的企业签订合同、设置快件收寄投递专门场所等方式，为开展快递服务提供必要的便利。鼓励多个经营快递业务的企业共享末端服务设施，为用户提供便捷的快递末端服务。

条文主旨

本条是关于企业事业单位、住宅小区管理单位对快件收寄投递服务提供必要的便利和鼓励共享快递末端服务设施的规定。本条规定对于保障快递业更好地服务民生，促进快递服务进社区，提高用户使用快递服务的获得感具有重要意义。

本条包括以下内容：企业事业单位、住宅小区管理单位应当对快件收寄投递服务提供必要的便利。快递末端服务设施具有公共服务设施的属性，鼓励多个经营快递业务的企业共享，实行快递末端集约化服务。

大型居住区、商业区、校区、企事业单位综合办公区对快递服务的需求旺盛，但有些单位不允许快递服务车辆、快递从业人员进入，给收寄、投递快件造成了障碍，也给用户使用快递服务带来不便。为此，本条作了针对性的规定。

释　义

一、支持快递服务进社区的政策法规依据

近年来，党中央、国务院出台多项政策措施支持快

递服务进社区。2017 年 3 月，全国人民代表大会通过的《政府工作报告》强调，“促进电商、快递进社区进农村”。2017 年 6 月，《中共中央　国务院关于加强和完善城乡社区治理的意见》（中发〔2017〕13 号）指出，探索建立社区公共空间综合利用机制，合理规划建设物流自助服务设施，提高社区服务的供给能力。《国务院办公厅关于推进电子商务与快递物流协同发展的意见》（国办发〔2018〕1 号）提出，“将智能快件箱、快递末端综合服务场所纳入公共服务设施相关规划”。各地进行了一些有益探索，如《贵州省邮政条例》第四十二条规定：“鼓励机关、企业事业单位、学校、住宅区、较大的商业区、旅游景区等通过设置快件集中服务点、自助服务终端等形式，为快件收寄和投递提供便利和安全保障。”本条根据中央有关政策，在总结实践经验的基础上，对支持快递服务进社区作了相应规定，以解决快递末端服务的难点问题。

二、企业事业单位、住宅小区管理单位应当提供必要便利

本条规定，“企业事业单位、住宅小区管理单位应当根据实际情况，采取与经营快递业务的企业签订合同、设置快件收寄投递专门场所等方式，为开展快递服务提供必要的便利”。依照本条的规定，可以采取以下两种方式：

1. 企业事业单位、住宅小区管理单位（一般为物业服务企业）与经营快递业务的企业签订快递末端服务合作合同，明确双方的权利、义务和责任。经营快递业务的企业应当对合作方进行业务指导和培训。双方也可以通过书面合同或者口头协议，允许快递从业人员、快递服务车辆直接进入住宅小区、写字楼等提供快件收寄、投递服务，有关单位提供进入门禁系统、车辆通行停靠、乘坐电梯等方面的便利条件。

2. 设置专门的快件收寄投递场所。企业事业单位、住宅小区管理单位可因地制宜，设置专门的快件收寄投递场所，可以根据人员数量、场地条件、快件数量等综合因素，设置智能快件箱、公共服务站等。有关单位应当给予占地、用电、安全保障等便利条件。

三、鼓励经营快递业务的企业共享末端服务设施

快递末端服务设施主要设置在公共场所，向区域内公众提供快递服务，具有较强的公共服务特征。《国务院办公厅关于推进电子商务与快递物流协同发展的意见》

(国办发〔2018〕1号)已将快递智能末端服务设施明确为公共服务设施，纳入便民服务、民生工程等项目，并鼓励经营快递业务的企业开展投递服务合作，建设快递末端综合服务场所，开展联收联投。社会各界意识到，共享快递末端服务设施可以有效组织和统筹利用快递末端配送、服务资源。依照本条的规定，经营快递业务的企业需要树立开放、共享的理念，推广快递末端集约化服务，扩大末端服务设施共享范围，最大化发挥公共设施的使用效用。

本条规定还明确了快递末端服务的业务构成和行为特征。本条关于“设置快件收寄投递专门场所”和“共享末端服务设施，为用户提供便捷的快递末端服务”的倡导性规定，实质上明确了快递末端服务包括快件收寄业务和投递业务，且强调了快递末端服务存在于经营快递业务的企业与收件人、寄件人直接接触的过程中。本条所揭示的快递末端服务内涵，对依法认定、管理本条例第十八条规定的“快递末端网点”有重要意义。

第十五条 **国家鼓励快递业与制造业、农业、商贸业等行业建立协同发展机制，推动快递业与电**

子商务融合发展，加强信息沟通，共享设施和网络资源。

国家引导和推动快递业与铁路、公路、水路、民航等行业的标准对接，支持在大型车站、码头、机场等交通枢纽配套建设快件运输通道和接驳场所。

条文主旨

本条是关于国家鼓励快递业与有关行业建立协同发展机制，支持快件“上车、上船、上飞机”的规定。本条规定对于推动快递业与相关行业协同发展，提高快递服务生产、生活的能力和水平，增强快递服务对经济社会发展的贡献率有重要作用。

本条包括以下内容：首先，国家鼓励快递业与制造业、农业、商贸业等行业建立协同发展机制，推动快递业与电子商务融合发展，重点是加强信息沟通，共享设施和网络资源。其次，国家引导和推动快递业与交通运输业全面合作，实现标准对接，支持在大型车站、码头、机场等交通枢纽配套建设快件运输通道和接驳场所。

推进快递业与制造业、农业、商贸业等行业建立协同发展机制，推动快递业与电子商务融合发展，可以促进快递业转型升级、提质增效，为有关行业的发展提供支撑。快递业与交通运输业全面合作，有利于解决快件运输的短板制约，提高运递效率。为此，本条作了相应规定。

释 义

一、国家鼓励快递业与制造业、农业、商贸业等行业建立协同发展机制

快递业作为现代服务业，日益融入生产、生活，与制造业、农业、商贸业等相关领域联系密切。国家出台政策，鼓励快递业拓展产业链、价值链，完善供应链，加强与相关行业合作。在此基础上，本条第一款规定，国家鼓励快递业与制造业、农业、商贸业等行业建立协同发展机制。

制造业是快递发展的重要需求基础，快递是制造业转型升级的重要服务支撑。《国务院关于促进快递业发展的若干意见》（国发〔2015〕61号）提出，推进“互联网+”快递。发挥供应链管理优势，积极融入智能制造、个性化定制等制造业新领域。国家邮政局、工业和信息化部联合印发的《关于推进快递服务制造业工作的指导意见》(国邮发〔2013〕178号)，提出了全面推动快递业与制造业协同发展的一系列措施。国家邮政局会同有关部门开展快递服务与制造业协同发展示范项目，形成入场物流、仓配一体化、订单末端配送、区域性供应链服务和嵌入式电子商务快递等多种服务模式。截至2017年年底，全国形成重点示范项目达300多个，涵盖纺织服装、农副食品加工、医药制造、汽车制造、计算机及通信设备制造、电气机械制造等门类，快递业直接支撑的制造业年产值近2400亿元。快递业与制造业协同发展，对于促进建设制造强国具有重要作用。

农业是国计民生之本，中央高度重视快递业服务农业、与农业协同发展工作。《中共中央　国务院关于深入推进农业供给侧结构性改革　加快培育农业农村发展新动能的若干意见》（中发〔2017〕1号）指出，“推动商贸、供销、邮政、电商互联互通，加强从村到乡镇的物流体系建设，实施快递下乡工程”。《中共中央　国务院关于实施乡村振兴战略的意见》(中发〔2018〕1号）再次提出，支持供销、邮政及各类企业把服务网点延伸到乡村，健全农产品产销稳定衔接机制，加快推进农村流通现代化。《国务院关于促进快递业发展的若干意见》

(国发〔2015〕61 号）要求，“支持快递企业加强与农业、供销、商贸企业的合作，打造‘工业品下乡’和‘农产品进城’双向流通渠道，下沉带动农村消费”。国家邮政局积极推动“快递下乡”工程，2017 年农村地区收投快件超过 100 亿件，带动农产品进城和工业品下乡超过 6000 亿元，快递服务乡镇网点覆盖率近 90%。快递业服务现代农业焕发出蓬勃活力，全国涌现出一批年快递业务量超千万件的示范项目，形成驻村设点、集中收寄、直配专线、融合发展和供应链等多种典型服务模式。快递业正在成为助推实施乡村振兴战略、脱贫攻坚、服务“三农”的重要力量。

商贸业直接从事生产资料、生活资料的流通。快递业连接供给侧和需求侧，在服务商贸业发展方面潜力大、空间广，对于降低商贸业流通成本发挥着重要的促进作用。依照本条第一款的规定，国家有关部门应当采取措施推动快递业与制造业、农业、商贸业等相关行业加强合作，提升快递业服务相关行业的能力和水平。以下方面可以作为着力点：一是构建快递业服务制造业的供应链体系，为制造业提供服务支撑；二是契合现代农业的需求，快递业为特色农产品提供包装、仓储、运输的标准化、定制化服务，发展农产品冷链快递，提供适应农业生产季节性要求的快递服务；三是为商贸业提供全方位的快递配送服务，发展智能仓储，延伸服务链条，建设仓配一体化的服务体系，通过整合共享上下游资源，促进商流、物流、信息流、资金流等无缝衔接和高效流动。

二、国家推动快递业与电子商务融合发展，加强信息沟通，共享设施和网络资源

快递业与电子商务共同构筑了我国新型消费的重要场景，共同推动形成了我国现代经济体系的新发展动能和竞争优势。在现代产业链中，快递业承担着实物交付职能，是电子商务合同履行的重要依托，是网络购物交易最终实现的关键环节，是信息流、商流和资金流合一的载体。近年来，我国电子商务与快递协同发展不断深化，推进了快递业转型升级、提质增效，促进了电子商务的快速发展。《国务院关于促进快递业发展的若干意见》（国发〔2015〕61号）、《国务院办公厅关于深入实施“互联网+流通”行动计划的意见》（国办发〔2016〕24号）、《国务院办公厅关于推进电子商务与快递物流协同发展的意见》（国办发〔2018〕1号）等文件先后发布，对推动快递业与电子商务融合发展提出了新要求。基于国家的政策导向，本条第一款规定，“推动快递业与电子商务融合发展，加强信息沟通，共享设施和网络资源”。依照本条第一款的规定，结合《国务院办公厅关于推进电子商务与快递物流协同发展的意见》（国办发〔2018〕1号）的要求，快递业需要健全与电商产业之间的数据共享制度，加强上下游信息互联互通和安全防护，推动末端服务设施共享共用，持续拓展快递服务产业链。

三、国家引导和推动快递业与交通运输业标准对接，支持在交通枢纽配套建设快件运输通道和接驳场所

快递业是综合运用公路、民航、铁路、水路等多种运输方式的现代产业，综合交通运输体系是快递业发展的基础保障和基本条件。如何充分发挥综合交通运输体系的资源优势和组合效率，强化标准衔接，加强快递基础设施建设，加快运递速度，降低运营成本是促进快递业发展所不能回避的问题。为此，《国务院关于促进快递业发展的若干意见》（国发〔2015〕61号）提出，实施快递“上车、上船、上飞机”工程，加强与铁路、公路、水路、民航等运输企业合作，制定并实施快递设施通用标准，强化运输保障能力。在交通运输领域，完善快件处理设施和绿色通道，辐射带动电子商务等相关产业集聚。在此基础上，本条第二款作了相应规定。国家有关部门可以从以下两个方面推进快递业与交通运输业的合作：一是引导和推动快递业与交通运输业标准对接。制定并实施快递设施设备通用标准，提升快件运输装备标准化和专业化水平。推广标准化运载单元，提高包装、托盘、装卸设施设备等作业工具的适配性和通用性。强化经营快递业务的企业与航空、铁路等单位安检合作。积极推进实施快递“上车、上船、上飞机”工程，打造覆盖国内外的快递航空运输网，完善航空快件“绿色通道”。大力发展电商快递班列，推进高铁运快件，探索利用中欧班列运送快件。二是支持在交通枢纽配套建设快件运输通道和接驳场所。在新建或者改扩建车站、码头、机场等交通枢纽时，将快件运输通道和接驳场所纳入布局规划，统筹安排。优化交通运输枢纽布局，实现铁路物流基地、港口物流枢纽、航空转运中心与快递物流园区、快递处理设施等同步规划建设和设施改造的协同配套，提升口岸枢纽服务快递物流的功能，为快件集散作业提供便利。

第十六条　国家鼓励经营快递业务的企业依法开展进出境快递业务，支持在重点口岸建设进出境快件处理中心、在境外依法开办快递服务机构并设置快件处理场所。

海关、出入境检验检疫、邮政管理等部门应当建立协作机制，完善进出境快件管理，推动实现快件便捷通关。

条文主旨

本条是关于鼓励进出境快递业务和推动实现快件便捷通关的规定。本条规定对于促进我国经营快递业务的企业"走出去"，参与"一带一路"建设，以及逐步构建涉外邮政业法律体系具有重要意义。

本条包括以下内容：首先，国家通过政策引导、健全海外利益保护体系等方式，鼓励经营快递业务的企业依法开展进出境快递业务，支持在重点口岸建设进出境快件处理中心，在境外依法开办快递服务机构并设置快件处理场所。其次，海关与邮政管理等部门应当建立协作机制，完善进出境快件管理，实现信息互换、监管互认、执法互助，推动实现快件便捷通关。

我国对外开放已经从着重“引进来”转变为“引进来”与“走出去”并重，形成了全面开放的新格局。我国经营快递业务的企业积极主动“走出去”，发展国际业务，共同参与“一带一路”建设，助推跨境电商发展。进出境快递业务已经成为快递服务新的增长点，2017 年港澳台和国际快件业务量完成 8.3 亿件，同比增长 33.8%，支撑跨境网络零售额超过千亿元。基于此，本条对鼓励依法开展进出境快递业务和推动实现快件便捷通关作了规定。

释　义

一、国家鼓励经营快递业务的企业依法开展进出境快递业务

为适应快递服务融入全面开放新格局的迫切要求，《国务院关于促进快递业发展的若干意见》（国发〔2015〕61 号）提出：“鼓励快递企业发展跨境电商快递业务，加大对快递企业‘走出去’的服务力度，在重点口岸城市建设国际快件处理中心，探索建立‘海外仓’”。在此基础上，本条第一款对鼓励经营快递业务的企业依法开展进出境快递业务作出制度安排，有以下三重含义：

1. 国家鼓励经营快递业务的企业依法开展进出境快递业务。经营快递业务的企业开展进出境快递业务，对于推动跨境电商发展，扩大“全球买”和“全球卖”，打造新的经济增长点，推动实施“一带一路”建设具有重要作用。国家从政策法规、通关便利、税收优惠、财政金融等方面给予支持。开展进出境快递业务应当遵守我国有关法律规定，如《中华人民共和国海关法》和检验检疫、知识产权保护等方面的法律，还应当遵守我国参加的国际公约、条约以及有关国家、地区的强制性规定。

2. 支持在重点口岸建设进出境快件处理中心。进出境快件主要通过航空、公路、铁路等渠道进行运输。因此，在对外航空港、陆路口岸等快件集中进出境的重要地区，按照海关等部门的规定建设进出境快件处理中心，有助于实现集中报关报检、集合查验等，提高进出境快件通关效率。

3. 支持经营快递业务的企业在境外依法开办快递服务机构并设置快件处理场所。经营快递业务的企业应当响应国家“一带一路”倡议，立足周边、面向国际，构建联通世界主要经济体的快递服务网络。在境外开办快递服务机构和设置快件处理场所，无论采取“绿地投资”方式（设立代表机构或者新建子公司、分公司），还是采取跨境并购方式，经营快递业务的企业均应当遵守所在国家或者地区关于企业设立、市场监管、反垄断规制和环境保护等方面的规定。国家有关部门应当加大对其他国家和地区快递市场开放制度的研究，加强国别政治、经济、安全风险分析，为企业走向海外市场提供指导，还要构建快递市场海外利益保护体系，健全安全风险预警机制和突发事件应对机制。

二、有关部门建立协作机制，推动实现快件便捷通关

对进出境快件依法实施海关监管和检验检疫，对于维护国家的主权和利益、防范恐怖主义、保护知识产权以及保障人民生命财产安全和生态安全具有重要意义。实现进出境快件便捷通关，可以缩短国际快递业务的全程时限，降低跨境交易成本。为此，本条第二款规定，有关部门应当通过建立协作机制，完善进出境快件管理，推动实现快件便捷通关。

依照本条第二款的规定，推动实现快件便捷通关可以将以下方面作为切入点：一是有关部门建立协作机制，制定符合快件运递特点的验关、检疫程序。海关总署发布《关于启用新快件通关系统相关事宜的公告》（海关总署公告 2016 年第 19 号）等规定，对进出境快件监管制度进行了优化。根据国家促进跨境电子商务健康发展的顶层设计，有关部门还应当继续完善进出境快件的管理制度。二是深化海关通关一体化改革，打造结构扁平、管理集约、协调统一的通关管理模式，实现口岸管理部门信息互换、监管互认、执法互助，推行“联合查验、一次放行”等便捷通关新举措。三是加大运用云计算、大数据、物联网、人工智能等先进技术，提升进出境快件通关效率。四是有关部门应当积极参与制修订国际通关共同规则，为快件进出境提供更加透明、稳定、可预期的行为规范。

第三章　经营主体

本章以优化营商环境和夯实企业主体责任为遵循，规定了快递业务经营主体有关制度。包括快递业务经营许可、快递末端网点开办、加盟合作与统一管理、快递从业人员权益保障等条款。

第十七条　**经营快递业务，应当依法取得快递业务经营许可。邮政管理部门应当根据《中华人民共和国邮政法》第五十二条、第五十三条规定的条件和程序核定经营许可的业务范围和地域范围，向社会公布取得快递业务经营许可的企业名单，并及时更新。**

条文主旨

本条是关于快递业务经营许可核定业务范围、地域范围和许可信息公示的规定。本条规定对于更好地实施快递业务经营许可，建设统一开放、竞争有序的快递市场发挥着基础性作用。

本条包括以下内容：首先，根据《中华人民共和国邮政法》第五十一条第一款的规定，重申了快递业务经营许可制度。其次，邮政管理部门应当根据《中华人民共和国邮政法》第五十二条、第五十三条规定的条件和程序，按照企业具备的服务能力核定经营许可的业务范围和地域范围。经营快递业务的企业应当在经营许可范围内依法从事快递业务经营活动，不得超越经营许可的业务范围和地域范围。最后，快递业务经营许可信息应当公示，向社会公布取得快递业务经营许可的企业名单，并及时更新。

快递业务经营许可制度，是快递业落实国家总体安全观的客观需要，是我国快递法律制度的基石，应当依法实施并不断优化完善。为落实好快递业务经营许可制度，本条对核定经营许可的业务范围、地域范围和快递业务经营许可信息公示制度作出规定。

释 义

一、经营快递业务，应当依法取得快递业务经营许可

《中华人民共和国邮政法》第五十一条第一款规定："经营快递业务，应当依照本法规定取得快递业务经营许可；未经许可，任何单位和个人不得经营快递业务。"《中华人民共和国邮政法》确立了快递业务经营许可制度，也就是快递市场准入制度，即国家对经营快递业务依法实行行政许可，经营快递业务应当向邮政管理部门提出申请，取得快递业务经营许可；未经许可，不得经营快递业务。基于此，快递业务经营许可是邮政管理部门依法实施的事前监管措施，与事中事后监管相辅相成。

依照《中华人民共和国邮政法》第五十三条第四款的规定，快递业务经营许可属于工商登记前置行政许可，申请人应当先取得许可，再办理企业登记。党的十八大以来，国家积极推进简政放权、放管结合、优化服务改革，大力精简行政审批事项，前置审批事项削减87%以上。而快递业务经营许可属于国务院决定保留的工商登记前置审批事项，详见《国务院关于取消和调整一批行

政审批项目等事项的决定》（国发〔2015〕11号）附件5《国务院决定保留的工商登记前置审批事项目录》，以及《国务院关于进一步削减工商登记前置审批事项的决定》（国发〔2017〕32号）。实践中，新设企业的，应当在取得快递业务经营许可后，依法向市场监管部门办理企业设立登记；已经依法设立的企业经营快递业务的，应当在取得快递业务经营许可后，依法向市场监管部门办理企业经营范围变更登记。

国家对经营快递业务实行行政许可，主要是基于落实总体国家安全观的客观需要。党的十八大以来，以习近平同志为核心的党中央提出了总体国家安全观的战略思想。总体国家安全观强调，以人民安全为宗旨，以政治安全为根本，以经济安全为基础，以军事、文化、社会安全为保障，以促进国际安全为依托，维护各领域国家安全，构建国家安全体系，走中国特色国家安全道路（《中华人民共和国国家安全法》第三条）。快递安全关系到国家安全和社会公共安全，对于维护社会稳定和人民生命财产安全发挥着至关重要的作用，也保障了快递业的平稳、有序运行。快递业务经营许可是我国快递法律制度的基石，既立足解决当前快递业的突出问题，又为快递业的长远发展提供了制度保障。基于此，快递业应当结合实际积极贯彻《中华人民共和国邮政法》的相关规定，并在实践中予以完善、优化。

二、邮政管理部门应当依法核定快递业务经营许可的业务范围和地域范围

邮政管理部门根据《中华人民共和国邮政法》第五十二条、第五十三条规定的条件和程序核定经营许可的业务范围和地域范围。《中华人民共和国邮政法》第五十二条对经营快递业务应当具备的条件作了规定。其中，根据《国务院关于印发注册资本登记制度改革方案的通知》（国发〔2014〕7号）和《国务院办公厅关于加快推进落实注册资本登记制度改革有关事项的通知》（国办函〔2015〕14号），快递业务经营许可申请材料中的验资报告已取消。在此基础上，《中华人民共和国邮政法》第五十二条规定的许可条件主要体现为：一是应当符合企业法人条件，二是有与申请经营的地域范围相适应的服务能力，三是有严格的服务质量管理制度和完备的业务操作规范，四是有健全的安全保障制度和措施。《中华人民共和国邮政法》第五十三条规定了快递业务经营许可的基本程序。

《中华人民共和国邮政法》规定的快递业务经营许可的业务范围一般体现为，该法第五十一条第二款规定的外商不得投资经营信件的国内快递业务，第五十五条规定的快递企业不得经营邮政企业专营的信件寄递业务。《中华人民共和国邮政法》第五十三条规定的省内快递业务、跨省快递业务、国际快递业务属于快递业务经营许可的业务范围。随着快递商业模式和服务方式的创新发展，《中华人民共和国邮政法》第八十四条析分“寄递”内涵而明确提及的收寄、分拣、投递以及封发、储存、交换、转运等业务，均应当纳入快递业务经营许可的核定范围。对《中华人民共和国邮政法》第五十二条第三项规定的服务能力起重要作用的快递服务信息处理业务，以及与第五十二条第五项中安全保障措施相对应的快件安全检查业务等，可以结合快递业实际，研究纳入快递业务经营许可的核定范围。申请人可以依法申请经营其中一类或者几类业务，邮政管理部门根据其服务能力等核定业务范围。

《中华人民共和国邮政法》规定的快递业务经营许可的地域范围，是由该法第五十二条第一项企业法人条件、第三项申请经营的服务能力，以及第五十三条第四款凭快递业务经营许可证办理企业登记的规定所决定的。快递业务经营许可作为政府服务，面向基层，应当考虑到行政许可与企业登记的充分衔接，许可的地域范围可以与负责企业登记工作的基层机关管辖范围相一致。

三、快递业务经营许可信息应当向社会公示

《中华人民共和国行政许可法》第五条第二款规定，“……行政许可的实施和结果，除涉及国家秘密、商业秘密或者个人隐私的外，应当公开”。该法第四十条还规定：“行政机关作出的行政许可决定，应当予以公开，公众有权查阅。”根据《中华人民共和国政府信息公开条例》第十条的规定，“行政许可的事项、依据、条件、数量、程序、期限以及申请行政许可需要提交的全部材料目录及办理情况”属于县级以上各级人民政府及其部门重点公开的政府信息。据此，本条关于“邮政管理部门应当向社会公布取得快递业务经营许可的企业名单，并及时更新”的制度安排，既符合上位法的规定，也与其他行政法规相衔接，有利于保障公民、法人和其他组织依法获取快递业务经营许可信息，有利于提高快递业务经营许可工作的透明度，督促邮政管理部门主动接受社会监督，推进依法行政，有利于充分发挥快递业务经营许可信息对人民群众生产、生活和经济社会活动的服务作用。一般情况下，快递业务经营许可信息应当在作出行政许可的邮政管理部门的门户网站上对外公布。

第十八条　经营快递业务的企业及其分支机构可以根据业务需要开办快递末端网点，并应当自开办之日起20日内向所在地邮政管理部门备案。快递末端网点无需办理营业执照。

条文主旨

本条是关于快递末端网点备案和无需办理营业执照的规定，基于完善快递服务网络布局、减轻企业开办末端网点负担的需要，明确了快递末端网点的法律地位，规定了快递末端网点的开办主体，简化了快递末端网点的开办手续。本条规定有利于降低快递业务经营成本，激发快递市场活力，为社会提供更加便捷的快递服务。

本条包括以下内容：首先，经营快递业务的企业及其分支机构可以根据业务需要开办快递末端网点，这里的末端网点既包括经营快递业务的企业自营的末端网点，也包括与其他法人、非法人组织或者个人合作开办的末端网点。其次，自开办快递末端网点之日起20日内，由末端网点所属的经营快递业务的企业或者分支机构，向末端网点所在地的邮政管理部门办理备案。最后，经营快递业务的企业及其分支机构开办的快递末端网点无需办理营业执照。

近年来，快递末端网点市场准入门槛高、办理证照需要付出较多成本的问题比较突出。本条从创新市场管理方式和降低制度性交易成本的角度出发，规定对快递末端网点实施备案，免办营业执照。

释 义

快递末端网点是快递服务的重要物质基础，直接承担着快件的收寄、投递工作，在快递业务经营活动中发挥着基础性、关键性的作用。近年来，快递末端网点由于运行成本高、利润率持续走低，出现了劳动力紧缺、业务运营困难等现象，影响了快递服务的有效供给。在造成快递末端网点运行成本较高的因素中，除房屋租金等要素成本上扬外，办理证照的成本也不容小觑。本条从降低制度性交易成本角度出发，突出为企业降本增效的目标导向，明确规定："经营快递业务的企业及其分支机构可以根据业务需要开办快递末端网点，并应当自开办之日起20日内向所在地邮政管理部门备案。快递末端网点无需办理营业执照。"本条所规定的无需办理营业执照，是指既不需要单独办理营业执照，也不需要以"一照多址"等形式办理营业执照。这一举措将对快递服务固本强基，优化末端网点运营环境，促进快递服务便捷、惠民发挥重要作用；也为邮政管理部门实施"双随机"监督检查，强化快递市场管理奠定基础。

适用本条应当结合国家邮政局制定的《快递末端网点备案暂行规定》，注意把握以下几点：一是快递末端网点既包括经营快递业务的企业及其分支机构设立的营业（揽收）网点、投递（派送）网点，也包括经营快递业务的企业及其分支机构与各类商业机构、服务组织等其他法人、非法人组织或者个人合作开办的快递末端网点。二是快递末端网点一般开办在乡镇（街道）、村（社区）、学校等特定区域，为用户直接提供收寄、投递等快递末端服务，属于固定经营场所。机关、企业事业单位、住宅小区的收发室等无偿提供快件接收、保管、转交、投递等服务的场所，不属于快递末端网点。三是快递末端网点自开办之日起20日内，由经营快递业务的企业或者其分支机构通过邮政管理部门信息系统，向快递末端网点所在地的省级以下邮政管理机构提交快递末端网点场所的图片资料等备案材料。四是快递末端网点名称、类型、经营范围、负责人等事项发生变更或者快递末端网点撤销的，由经营快递业务的企业或者其分支机构向原备案机关办理备案变更手续。五是按照“谁开办、谁负责”的原则，经营快递业务的企业、企业分支机构应当对其开办的快递末端网点加强管理、培训，采取有效措施保障用户合法权益，并对所开办的快递末端网点承担快递服务质量责任和安全主体责任。六是开办快递末端网点，不得超出经营快递业务的企业及其分支机构快递业务经营许可的业务范围、地域范围和有效期限。开办者的快递业务经营许可被注销或者分支机构名录失效的，其开办的快递末端网点备案自行失效。此外，一个企业开办若干个快递末端网点，以经营快递末端网点为业的，属于经营快递业务的行为，该企业应当依法取得快递业务经营许可。该企业取得快递业务经营许可后，其开办的快递末端网点依法纳入备案。

第十九条　两个以上经营快递业务的企业可以使用统一的商标、字号或者快递运单经营快递业务。

前款规定的经营快递业务的企业应当签订书面协议明确各自的权利义务，遵守共同的服务约定，在服务质量、安全保障、业务流程等方面实行统一管理，为用户提供统一的快件跟踪查询和投诉处理服务。

用户的合法权益因快件延误、丢失、损毁或者内件短少而受到损害的，用户可以要求该商标、字号或者快递运单所属企业赔偿，也可以要求实际提供快递服务的企业赔偿。

条文主旨

本条规定的行为规范，适用于传统意义上的快递加盟，也适用于两个以上经营快递业务的企业通过使用统一的商标、字号或者快递运单开展的其他商业合作。本条以行政法规的形式明确了快递加盟的法律地位，引导、规范总部企业与加盟企业遵守共同的服务约定，强调总部企业应当加强统一管理，明确用户向总部企业、加盟企业的求偿选择。

快递加盟是随着我国民营快递发展产生的商业模式。在快递业持续快速发展过程中，快递服务的商业模式和企业间合作形态也在不断创新。鉴于此，本条未直接采用“快递加盟”的用词，以避免使用单一概念约束新业态的发展。本条关于两个以上经营快递业务的企业使用统一的商标、字号或者快递运单经营快递业务的行为规范，不仅在行政法规立法层面确认了快递加盟的商业模式，而且可以覆盖适用于企业法人之间更多样的合作形态。本条关于快递加盟的规定包括四层含义：首先，明确了快递加盟的行为主体，即两个以上经营快递业务的企业；其次，界定了快递加盟的行为外观，即相关主体使用统一的商标、字号或者快递运单经营快递业务；再次，对快递加盟提出了规范化要求，即应当以合同形式明确权利义务，实行统一管理；最后，规定了快递加盟模式下用户权益的救济途径，即用户既可以要求商标、字号或者快递运单所属企业赔偿，也可以要求实际提供快递服务的企业赔偿。

快递加盟模式下，经营快递业务的企业之间是一体化运营，用户并不清楚企业间的具体合作关系。无论快件损失发生在哪个服务环节，都是企业内部、企业之间的问题，不得以此为由推诿用户的赔偿请求。至于一个企业理赔后，如何与其他企业分摊责任，可以事先通过加盟合同约定，也可以事后依照民事法律规定办理。快递加盟经营方式灵活，适应了“互联网+”发展要求，对于扩大快递市场规模，激发社会主体的创业积极性，促进城乡就业发挥了重大作用。针对快递加盟模式容易产生管理不统一、权责不明晰等问题，本条作了相应规定，以充分发挥加盟模式的优势，保护用户合法权益。

释　义

一、快递加盟的法律特征

快递加盟一般表现为，两个以上经营快递业务的企业依照法律、行政法规的规定以及合同约定，采用统一的商标、字号或者快递运单，共同组成服务网络，遵守共同的服务约定，向用户提供快递服务。快递加盟具有以下法律特征：

（一）快递加盟基于合同约定形成

快递加盟形成的基础是总部企业（被加盟人）与加盟企业（加盟人）之间的合同约定，不要求存在资本控制关系，不能存在法人总部与所属分支机构的隶属关系。

总部企业与加盟企业通过订立快递加盟合同，明确相互之间的权利义务，形成了较为紧密和持续的合作关系。快递加盟尽管本质上属于合同关系，双方的权利义务遵循意思自治、自愿原则，但由于快递涉及国家安全和民生权益，国家有必要运用法律和行政措施进行规制。快递加盟行为必须遵循有关法律、行政法规的规定，总部企业、加盟企业均应当依照《中华人民共和国邮政法》及本条例的规定取得快递业务经营许可，应当维护快递服务网络的完整、畅通，不得随意停止、暂停快递服务，还应当遵守快递安全、服务规范等方面的要求。

（二）提供快递服务的统一性与业务运行的紧密性

总部企业与加盟企业对外提供快递服务具有统一性，是快递加盟模式的核心特征。总部企业与加盟企业具有统一的商标、字号，对用户提供的快递运单也是统一的；在服务质量、安全保障、业务流程等方面实行统一管理，向用户提供统一的跟踪查询和投诉处理服务。总部企业应当强化统一管控，加盟企业则应当按照统一标准对经手的快件提供寄递服务。由于快递服务的全网性，中间涉及收寄、分拣、运输、投递等多个环节，总部企业除对加盟企业的经营活动实施管控外，还通过建立分拣中心、转运中心、快件运输干线网络等形式提供分拣、运输服务。在与总部企业订立合同的基础上，不同区域的加盟企业相互为对方收寄的快件提供投递服务。这样就形成了相互衔接、全网通达的快递服务网络。

（三）法律人格呈现独立性，同时对外承担责任具有牵连性

快递加盟模式下的各方当事人均为独立的企业法人，对各自的经营活动承受法律后果，自担经营风险。无论总部企业，还是加盟企业均不是对方的债务担保人，在诉讼程序抑或执行程序中，通常不会因对方的债务使自身受到牵连。但是，由于快递加盟模式的外观统一性，善意相对人难以辨识企业的身份关系，为使其利益不受损害，在加盟企业损害快递服务用户利益的情况下，总部企业也承担相应的法律责任。司法实践中，人民法院裁判快递加盟模式下的快件损失赔偿纠纷一般采用这一原则。

需要指出的是，经营快递业务的企业与个体工商户合作开办快递末端网点不适用快递加盟的规定，而是适用快递末端网点管理有关规定。

二、快递加盟经营应当遵循的规范要求

快递业涉及国家安全、社会公共安全和人民生命财

产安全，国家实行严格的快递市场准入和服务监督管理，对快递加盟经营应当依法实施规制。本条第二款对此提出了有针对性的要求。

（一）快递加盟各方当事人应当签订书面协议

快递加盟是以合同为纽带形成的合作关系，快递加盟合同是明确总部企业与加盟企业之间权利义务关系的重要依据。快递加盟在实践中出现的不少问题和纠纷，均与未订立合同或者合同不够规范有直接关系。订立内容完备的快递加盟合同，可以有效防范纠纷的发生。快递加盟合同已发展成为与新商业模式相匹配的独立合同类型，在快递加盟经营活动中发挥着基础性作用。依照本条第二款的规定，快递加盟合同应当以书面形式缔结，明确各自的权利义务。

（二）快递加盟应当实行统一管理、提供统一服务

由于快递加盟模式的固有特性，使得总部企业对加盟企业存在控制力，但控制力相对较弱，导致实践中迅速扩张的加盟企业不同程度存在“小、散、弱”的现象，以及服务质量偏低、投诉率较高、价格问题突出、法律责任不清和安全保障制度落实不到位等一系列问题。这些现象和问题的存在，制约了加盟模式下经营快递业务

的企业健康发展。为此，本条第二款强调了总部企业在服务质量、安全保障、业务流程等方面实行统一管理的责任，以及组织全网为用户提供统一的快件跟踪查询和投诉处理服务的责任。

实行统一管理、提供统一服务，主要体现为：

1. 保障全网遵守共同的服务约定。加盟模式下，各经营快递业务的企业以统一的商标、字号或者快递运单对用户提供快递服务，快递服务具有网络化、品牌化和运行一体化，这就要求总部企业必须保障自身和加盟企业遵守共同的服务约定。该服务约定对内、对外均具有法律约束力，对外即构成对用户的服务承诺，对内则是拘束各方的条款。在快递服务各个环节均应当按照共同的服务约定，执行统一的服务标准。

2. 在服务质量、安全保障、业务流程等方面实行统一管理。这是执行共同的服务约定的重要体现。基于快递服务全网统一性的特点，总部企业必须实行统一管理，建立统一的作业规范和安全保障制度，持续向加盟企业提供经营指导、运行支撑、业务培训等服务。总部企业应当加强内部控制、风险管理，对加盟企业的服务意识、作业流程、安全保障、用户满意度等进行考核评估，建立健全风险应急机制，妥善处理加盟企业之间的纠纷及各类突发事件。加盟企业应当严格执行快递服务标准、业务操作规范和安全保障制度，确保快递服务网络畅通，不得以任何理由采取扣留用户快件的方式解决纠纷。

3. 提供统一的快件跟踪查询和投诉处理服务。这是执行共同的服务约定的又一重要体现。加盟模式下，总部企业、经手快件的加盟企业、经手快递服务信息的加盟企业应当协同配合，提供周密、完善的查询和投诉处理服务，不得以自身没有收寄、分拣、投递快件为由推诿。总部企业尤其要提供技术支撑，健全畅通的查询和投诉网络，并协调处理全网的用户投诉。

在传统的“一个总部、区域联盟”模式下，统一管理、统一跟踪查询、统一投诉处理的保障责任是落在“统一的商标、字号、快递运单”所有者（总部企业）身上。随着实践发展，不排除企业家采用“强强联合”等加盟模式。届时，“总部企业”的责任不会因管控者数量增多而落空，而仍然是由“统一的商标、字号、快递运单”所有者承担。

三、快递加盟模式下用户权益的救济

快递加盟在外观上具有高度的一致性，用户难以辨识。在发生快件延误、丢失、毁损或者内件短少造成自身权益损害的情况下，用户实现权益救济在实践中存在一定困难。有的企业以企业间的合同约定为由推诿责任，有的以非自身原因为由加以搪塞，造成用户求偿困难，合法权益难以得到保护。为此，本条第三款规定："用户的合法权益因快件发生延误、丢失、损毁或者内件短少而受到损害的，用户可以要求该商标、字号或者快递运单所属企业赔偿，也可以要求实际提供快递服务的企业赔偿。"这一规定符合快递加盟实践中的特有规律，既较好地保障了用户权益能够实现有效的救济，也避免了直接以行政法规规定民事责任而导致公权力对民事活动的不当介入。

根据本条第三款的规定，用户合法权益因快件发生延误、丢失、损毁或者内件短少受到损害的，可以向总部企业（快递服务的商标、字号或者快递运单所属企业）主张权利，也可以向加盟企业（实际提供快递服务的企业）主张权利。总部企业接到用户的赔偿请求时，应当及时协调解决，或者根据服务承诺先行垫付资金；加盟企业接到用户的赔偿请求时，根据与用户所订立的快递服务合同或者过错责任原则，及时承担赔偿责任。总部企业与加盟企业可以按照快递加盟合同的约定再行确定企业之间的责任归属。

第二十条　经营快递业务的企业应当依法保护其从业人员的合法权益。

经营快递业务的企业应当对其从业人员加强职业操守、服务规范、作业规范、安全生产、车辆安全驾驶等方面的教育和培训。

条文主旨

本条是关于快递从业人员权益保障的规定。本条规定对于贯彻以人民为中心的发展思想，构建和谐的快递劳动关系，增强我国快递业竞争比较优势和内生发展动力有着重要意义。

本条包括以下内容：首先，经营快递业务的企业应当依法保护快递从业人员的合法权益，落实《中华人民共和国劳动法》《中华人民共和国劳动合同法》等有关法律法规的规定，履行所承担的劳动和社会保障法定义务。其次，经营快递业务的企业应当对其从业人员加强教育和培训，重点是职业操守、服务规范、作业规范、安全生产、车辆安全驾驶等方面的内容，以提高从业人员的职业素质和业务能力。

快递从业人员工作强度大、社会保障不足，易受到意外伤害，职业素质、业务水平偏低等问题比较突出，已引起社会广泛关注。为此，本条对快递从业人员权益保障作了规定。

释　义

一、经营快递业务的企业应当依法保护从业人员的合法权益

快递业属于劳动密集型产业，近年来的快递大发展与我国劳动力成本优势密不可分。快递从业人员的劳动保障问题得到了社会各界广泛关注，人大代表、政协委员多次通过建议、提案等方式进行呼吁。为此，本条第一款规定：经营快递业务的企业应当依法保护从业人员的合法权益。落实这一规定是贯彻以人民为中心发展思想的重要体现，是快递业持续健康发展的重要保证。从业人员是经营快递业务的企业发展的宝贵财富和第一动力。经营快递业务的企业应当增强依法保护从业人员合法权益的自觉性，落实《中华人民共和国劳动法》《中

华人民共和国劳动合同法》等法律法规的规定。《中华人民共和国劳动法》第三条规定，“劳动者享有平等就业和选择职业的权利、取得劳动报酬的权利、休息休假的权利、获得劳动安全卫生保护的权利、接受职业技能培训的权利、享受社会保险和福利的权利、提请劳动争议处理的权利以及法律规定的其他劳动权利”。《中华人民共和国劳动合同法》第四条规定，“用人单位应当依法建立和完善劳动规章制度，保障劳动者享有劳动权利、履行劳动义务。用人单位在制定、修改或者决定有关劳动报酬、工作时间、休息休假、劳动安全卫生、保险福利、职工培训、劳动纪律以及劳动定额管理等直接涉及劳动者切身利益的规章制度或者重大事项时，应当经职工代表大会或者全体职工讨论，提出方案和意见，与工会或者职工代表平等协商确定”。依照上述法律规定，并根据《中共中央　国务院关于构建和谐劳动关系的意见》（中发〔2015〕10号）有关部署，经营快递业务的企业应当从以下几个方面保护从业人员的合法权益：一是切实保障快递从业人员取得劳动报酬的权利，二是切实保障快递从业人员休息休假的权利，三是切实保障快递从业人员获得劳动安全卫生保护的权利，四是切实保障快递从业人员享受社会保险的权利，五是推动实施劳动合同制度，六是推行集体协商和集体合同制度，七是健全企业民主管理制度。

同时还要注意到，必须坚持依法保障快递从业人员合法权益与企业生存发展并重的理念，坚持保护从业人员权益和企业生存发展的有机统一。支持、保护经营快递业务的企业的各种合法用工形式，平衡从业人员和企业之间的利益，降低企业用工成本，提高企业的产业竞争力。地方人民政府有关部门还要加快完善适应快递等新就业形态的劳动用工和社会保险等政策，加快推进网上社保，促进异地参保及转移接续便利化。

二、经营快递业务的企业应当对其从业人员加强教育和培训

从业人员的素质直接关系到经营快递业务的企业的核心竞争力，也是快递服务发展的重要基础。快递服务与国家安全、社会公共安全、社会经济活动和人民群众的合法权益密切相关，加强快递从业人员教育和培训具有重要的意义。《中华人民共和国职业教育法》第二十条规定，“企业应当根据本单位的实际，有计划地对本单位的职工和准备录用的人员实施职业教育”，“从事技术工种的职工，上岗前必须经过培训”。本条第二款以此为依据，对快递从业人员的职业教育和培训作了规定。

依照本条第二款的规定，加强对从业人员的职业教育和培训，是经营快递业务的企业的法定义务。企业对其从业人员教育和培训的内容应当包括职业操守、服务规范、作业规范、安全生产、车辆安全驾驶等方面。这些内容对于提高从业人员的职业道德、服务技能，提高快递服务质量，保障快递渠道安全和企业生产安全均有重要作用。为落实这一规定，企业应当建立和完善相应制度，采取灵活多样的教育培训方式，并落实教育培训所需经费，保证教育培训时间，确保实效。

第四章　快递服务

本章以切实保障用户使用快递服务权益为宗旨，以推进快递服务实现高质量发展为目标，对经营快递业务的企业向用户提供快递服务的主要环节进行了规范，包括收寄提示告知与交寄声明、实名收寄制度、节假日快递服务、合规处理和运输快件、快件投递和验收、无法投递快件处理、快件损失赔偿、快递服务查询和投诉、停止和暂停快递服务等条款。

第二十一条　经营快递业务的企业在寄件人填写快递运单前，应当提醒其阅读快递服务合同条款、遵守禁止寄递和限制寄递物品的有关规定，告知相关保价规则和保险服务项目。

寄件人交寄贵重物品的，应当事先声明；经营快递业务的企业可以要求寄件人对贵重物品予以保价。

条文主旨

本条是关于快件收寄环节经营快递业务的企业履行提示与告知义务以及寄件人对贵重物品负有声明（告知）义务的规定。本条规定对于维护用户合法权益和快递渠道安全，减少快递服务领域纠纷争议，构建和谐、放心的消费环境，完善我国快递服务合同法律制度具有重要意义。

本条包括以下内容：首先，寄件人使用快递服务前，经营快递业务的企业应当依照法律规定提请寄件人注意快递服务合同条款并履行对合同条款的说明义务，还应当以适当方式提醒寄件人遵守禁限寄规定，并告知相关保价规则和保险服务项目。其次，寄件人交寄贵重物品，应当事先向经营快递业务的企业声明价值，履行如实告知义务；经营快递业务的企业可以要求寄件人对贵重物品予以保价。

因寄件人不清楚快递服务合同条款，尤其是对其中的限制或者免除赔偿责任条款、保价条款不了解而导致的纠纷较多；电子运单的广泛使用也对经营快递业务的企业在收寄环节承担的义务提出了新要求。有的寄件人为了少支付快递费，交寄贵重物品故意不声明价值，且不对快件进行保价或者仅进行低额保价，也易导致快件损失赔偿纠纷。为保护用户、经营快递业务的企业的合法权益，树立诚实信用的价值导向，本条对快件收寄环节企业与寄件人应当履行的义务作了规定。

释　义

收寄，是经营快递业务的企业接收寄件人交寄快件的过程，一般体现为上门收寄、营业场所收寄等。实践中，对个人用户交寄物品的收寄过程往往也是经营快递业务的企业与寄件人缔结快递服务合同的过程，直接关系着快递服务的质量和用户权益的实现。

一、经营快递业务的企业应当履行的提示与告知义务

针对因个人用户不了解快递服务合同条款内容和其他有关信息易发生争议的问题，以及快递电子运单广泛使用的实际情况，本条第一款对《中华人民共和国合同法》第三十九条、《中华人民共和国消费者权益保护法》第二十六条规定的提请注意与说明义务进行了贯彻和细化，明确了经营快递业务的企业应当向寄件人履行提示

与告知义务。其意义在于，保障寄件人依法享有的知情权，使其在使用快递服务时知悉有关服务信息，营造透明、和谐、放心的快递服务消费环境。

本条第一款对经营快递业务的企业履行提示与告知义务作了三个方面的规定：

（一）提醒寄件人阅读快递服务合同条款

快递服务合同条款，用于明确经营快递业务的企业与用户的权利义务和责任。对于纸质运单来说，快递服务合同条款一般记载于运单的寄件人存根联和隔离纸的表面。对电子运单而言，快递服务合同条款一般置于经营快递业务的企业网站及其快递服务应用软件中。快递服务合同条款直接关系着用户的切身权益，用户通过阅读有关条款，可以知悉合同条款的具体内容，对寄递过程中的风险作出正确的评估，选择适当的服务方式，以免因不知情而导致纠纷。

依照本条第一款的规定，结合《中华人民共和国合同法》第三十九条、《中华人民共和国消费者权益保护法》第二十六条的规定，服务合同中赔偿约定、免责声明、保价及保险等属于限制或者免除经营者责任的条款（以下统称免责条款），经营快递业务的企业应当以合理的方式履行提示义务。《最高人民法院关于适用〈中华人民共和国合同法〉若干问题的解释（二）》第六条第一款规定："提供格式条款的一方对格式条款中免除或者限制其责任的内容，在合同订立时采用足以引起对方注意的文字、符号、字体等特别标识，并按照对方的要求对该格式条款予以说明的，人民法院应当认定符合合同法第三十九条所称'采取合理的方式'。"根据这一规定，在我国境内书面印出、网站登载、应用软件登载的快递服务合同中，有关免责条款使用的文字应当为简体汉字，可以同时使用我国少数民族文字，但不得仅用外文或者繁体汉字，并应当使用引人注目的特殊字体（如黑体、加粗字体），或者以特殊的颜色、字号以及下划线等方式特别标出，从而达到足以引起用户注意的效果。对于免责条款以外的快递服务合同条款，经营快递业务的企业应当履行一般性的概括式提示义务。目前，经营快递业务的企业收寄快件大量使用电子运单。此类快递运单的表面积较小，不足以记载全部快递服务合同条款。在此情况下，登载于企业网站、应用软件的快递合同条款应当以醒目方式公开，对其中的免责条款，经营快递业务的企业宜采用口头告知或者其他合理方式进行提示，引起寄件人注意。

根据《中华人民共和国合同法》第三十九条的规定，寄件人对快递服务合同格式条款中的免责条款内容提出解释要求时，经营快递业务的企业应当对该条款予以说明，既应当说明该条款的含义，也应当说明该条款可能给寄件人带来的风险。

（二）提示寄件人遵守禁限寄有关规定

为维护国家安全、社会公共利益和人民生命财产安全，《中华人民共和国邮政法》以及有关法律、行政法规等对禁限寄物品作了规定，国家邮政局、公安部、国家安全部联合印发的《禁止寄递物品管理规定》（国邮发〔2016〕107号）对禁寄物品作了具体规定，国务院有关部门对限寄物品也作了相应规定。由于部分寄件人对禁限寄有关规定不十分了解，经营快递业务的企业有义务提示寄件人阅知有关规定，促使寄件人自觉遵守快递安全管理制度。依照本条第一款的规定，经营快递业务的企业提示寄件人遵守禁限寄有关规定的义务为法定义务。经营快递业务的企业履行禁限寄有关规定的提示义务，有助于公安机关认定寄件人在快件中夹带禁寄物品的违法行为。经营快递业务的企业履行该提示义务后，寄件人在快件中夹带禁寄物品，造成企业及其从业人员、收件人等人身、财产或者其他损害的，受害者可以向寄件人主张民事赔偿。

（三）告知相关保价规则和保险服务项目

快件损失是用户关注的重点问题，为有效保护用户权益，分散企业运营风险，快递保价与保险服务应运而生。保价在寄递服务领域以及海运、铁路、航空等运输服务领域广泛运用，有效地弥补了限制赔偿责任的不足，体现了当事人对赔偿责任的意思自治。寄件人与经营快递业务的企业对快件价值进行约定，意味着同时约定了损失赔偿数额。快件发生损失后，经营快递业务的企业依照约定承担赔偿责任。快递服务中，除经营快递业务的企业提供保价服务之外，部分保险公司也开办了一些快件保险业务，为用户提供了多种形式的保障。

保价与保险均起到分散风险、保障用户权益的作用，二者有诸多共同点，主要是：一是从运行原理来看，无论保价还是保险，都是基于大数法则（大数定律）估算危险概率，通过收取保费达到分担风险的目的。二是从费用构成来看，寄件人在支付基本快递服务费之外，要另外支付保价服务费或者保险费。三是从约定义务来看，都是快件在寄递过程中发生损失后，寄件人依照保价条款约定或者保险合同约定可以获得不超过声明价值的赔偿。

由于法律基础不同，保价与保险也存在明显差异，主要表现为：一是法律原理不同。保价实质上是寄件人与经营快递业务的企业之间关于赔偿责任的约定，体现了双方的快递服务合同关系，法律依据为合同法；保险则是寄件人与保险公司之间的保险合同关系，独立于快递服务合同之外，法律依据是保险法。二是风险分担机制不同。保价服务是用收取的保价服务费积聚成为保障基金，用以偿付快件损失；保险则是将风险由个体转嫁给全体投保人，由全体投保人分担损失。三是承保风险不同。保价是对限制赔偿责任例外的商业安排，遵循严格责任，只要寄件人无过失，经营快递业务的企业都要对快件损失承担赔偿责任；保险承保的风险则要看保险合同的约定，一般而言，某些不可抗力事件（地震、战争等）属于除外责任，不在承保范围之列。四是赔偿主体不同。保价快件发生损失的，经营快递业务的企业直接承担赔偿责任；而在保险环境中，发生快件损失的，用户则向保险公司主张权利。五是其他方面的不同。诸如无法计算价值的文件通常不在保险承保之列，但可以进行保价；保价一般有最高额限制，保险则不受物品价值的限制；保价赔偿无免赔额约定，保险赔偿通常有免赔额约定，即在一定数额范围内的损失保险公司不予赔偿；保价快件损失主张赔偿需要提供的单证较少，程序比较简便，而保险赔付程序相对复杂一些。

依照本条第一款的规定，在快件收寄环节，经营快递业务的企业应当向寄件人告知快递服务的保价规则，如保价费率、最高保价额、保价快件的赔偿规则，还应当告知快递保险服务的有关情况，以便寄件人结合自身情况权衡考虑选择保价或者保险服务。

二、寄件人应当履行的贵重物品声明义务

实践中，有的寄件人交寄贵重物品未向经营快递业务的企业声明物品价值，按照未保价或者保价额较低的一般物品交寄，由于各种原因发生丢失、损毁后，双方围绕赔偿数额问题的争议较大，用户主张按物品市场价格赔偿，经营快递业务的企业则主张按照已订立的快递服务合同的限制赔偿条款进行赔偿。本条第二款在总结实践经验的基础上，作出了针对性较强的制度安排：寄件人交寄贵重物品的，应当事先声明；经营快递业务的

企业可以要求寄件人对贵重物品予以保价。这一规定既可以有效减少快递服务质量争议，维护用户的合法权益，也较好地平衡了用户与经营快递业务的企业之间的利益关系。

本条第二款的规定是民法公平原则在快递服务领域的充分体现。《中华人民共和国民法总则》第六条规定："民事主体从事民事活动，应当遵循公平原则，合理确定各方的权利和义务。"公平原则要求民事主体从事民事活动秉持公平理念，公正、平允、合理地行使权利、履行义务。快递服务合同双方的权利义务应当对等，不能相差悬殊。如寄件人为了少支付快递费，对交寄的贵重物品不声明价值，或者不足额保价，发生快件损失后才声明该贵重物品的价值，并要求经营快递业务的企业按照物品的市场价格赔偿，这显然与公平原则不相符。本条第二款也是诚实信用原则的体现。依照《中华人民共和国民法总则》第七条的规定，民事主体在与他人进行民事活动时，应当诚信、如实向对方告知自己的有关信息。寄件人事先声明贵重物品价值既是秉持诚实信用原则的要求，也是弘扬社会主义核心价值观的具体表现。在有关快件损失赔偿纠纷的司法实践中，有不少案例认定寄件人应当事先声明物品的价值。寄件人不如实声明物品价值的，发生快件损失后主张按物品市场价格获得赔偿的诉求难以得到人民法院支持。

适用本条第二款的规定还应当把握以下几点：一是本条第二款所称贵重物品，是指价值较高的物品，如工艺品、珠宝首饰等。具体标准可以由经营快递业务的企业和用户在快递服务合同条款中约定，或者由快递行业组织提出指导意见。二是经营快递业务的企业应当设置合理的保价服务条款。三是经营快递业务的企业对寄件人声明价值的贵重物品可以进行必要的核实。

第二十二条　寄件人交寄快件，应当如实提供以下事项：

（一）寄件人姓名、地址、联系电话；

（二）收件人姓名（名称）、地址、联系电话；

（三）寄递物品的名称、性质、数量。

除信件和已签订安全协议用户交寄的快件外，经营快递业务的企业收寄快件，应当对寄件人身份进行查验，并登记身份信息，但不得在快递运单上记录除姓名（名称）、地址、联系电话以外的用户身

份信息。寄件人拒绝提供身份信息或者提供身份信息不实的，经营快递业务的企业不得收寄。

条文主旨

本条是关于用户交寄快件应当如实提供身份信息、物品信息和经营快递业务的企业查验寄件人身份信息的规定。本条规定对于维护快递渠道安全、实现寄件人身份信息可追溯具有重要作用。

结合有关法律规范，本条有以下三层含义：首先，寄件人交寄快件应当如实提供寄件人姓名、地址、联系电话，收件人姓名（名称）、地址、联系电话以及寄递物品信息。寄件人的身份信息必须体现有交寄该物品的自然人身份信息。其次，除信件和已签订安全协议用户交寄的快件外，经营快递业务的企业收寄快件，应当对寄件人身份进行查验，并登记身份信息。最后，经营快递业务的企业不得在快递运单上记录除姓名（名称）、地址、联系电话以外的用户身份信息，但另有规定或者约定的除外。

为有效遏制利用寄递渠道实施违法犯罪活动，本条根据《中华人民共和国反恐怖主义法》第二十条的规定，在总结实践经验的基础上对快件实名收寄作了执行性规定。

释 义

一、快件实名收寄的制度渊源

我国金融、客运、电信等多领域先后实行实名制，取得了较好的治理效果。快件实名收寄是实名制在快递服务领域的表现形式，符合大政方针。2016 年 11 月，原中央全面深化改革领导小组第二十八次会议通过了《关于进一步健全相关领域实名登记制度的总体方案》，对实名制管理作出顶层设计。会议指出，要依照法律法规确定实名登记制度的实施范围，建立准确全面和动态更新的登记信息。要强化基础设施建设和基础信息共享，加强个人隐私保护，确保信息安全。

快件实名收寄的经验做法始于 2008 年 3 月，国家邮政局发布《关于加强第 29 届奥林匹克运动会寄递物品安全工作的通告》（国邮发〔2008〕33 号），要求在用户交寄除信件以外的其他物品时，经营快递业务的企业当面验视内件，并请用户出示有效身份证件。之后，公安部、国家安全部、国家邮政局等 7 部门联合印发《关于加强物流、寄递渠道安全监管工作的通知》（公治〔2009〕475号），原中央综治办、公安部、国家安全部、国家邮政局等9部门联合印发《关于加强邮件、快件寄递安全管理工作的若干意见》（中综办〔2014〕24号），均对快件实名收寄作了规定。2016年1月1日起施行的《中华人民共和国反恐怖主义法》第二十条原则上规定了快件实名收寄基本制度。

二、快件实名收寄的法律意义

实施快件实名收寄是构建快递渠道安全屏障的必然要求，是维护国家安全、社会公共安全和人民生命财产安全的重要措施，是大数据时代快递业持续健康发展的基础保障。快件实名收寄可以使快递服务信息具有可靠的追溯性，对不法分子产生震慑作用，也为有关部门追查违法犯罪线索及实施安全监督管理提供基础信息。快件实名收寄是《中华人民共和国反恐怖主义法》确立的刚性制度，经营快递业务的企业应当严格执行，社会公众也应当增强守法意识，主动配合实施。

从快递服务合同法律关系角度考察，快件实名收寄是保护用户合法权益的重要手段。在实名制状态下，寄件人办理快件撤回、改寄业务以及主张快件损失赔偿时，经营快递业务的企业应当承担相应的用户身份审查义务，不得仅凭业务单据予以办理，否则可能对寄件人构成侵权。具体而言，由于快递服务合同是以实名形式缔结的，在受理用户撤回、改寄快件业务申请以及向用户支付快件损失赔偿金时，经营快递业务的企业应当履行审查用户身份的义务。寄件人本人办理的应当提供其有效身份证件或者身份证明信息；委托他人办理的，应当提供寄件人以及代办人的有效身份证件或者身份证明信息。通过审查用户身份，可以防止他人冒名顶替，损害寄件人的合法权益。

三、实名收寄情形下寄件人应当履行的义务

本条第一款规定，寄件人交寄快件，应当如实提供以下事项：（一）寄件人姓名、地址、联系电话；（二）收件人姓名（名称）、地址、联系电话；（三）寄递物品的名称、性质、数量。这里的“提供”，既包括手工填写快递运单，也包括使用快递电子运单时提供有关信息。寄件人在交寄快件时还应当配合经营快递业务的企业查验其身份，如出示有效身份证件。

适用本条第一款的规定，应当注意以下几点：一是寄件人信息必须体现有交寄物品的自然人的身份信息，

登记的姓名须为该自然人有效身份证件记载的姓名。如交寄物品的自然人是执行法人、非法人组织工作任务的人员，则应当登记该自然人的身份信息，在此基础上，可以一并记载其所在单位的名称、地址、联系电话等信息。对寄件人委托他人交寄快件的，经营快递业务的企业应当核对、登记寄件人、代寄人的身份信息。二是收件人姓名（名称）可以为自然人的姓名或者法人、非法人组织的名称，但快递运单记载的姓名或者名称不得违反公序良俗，且收件人的地址必须明确、具体。三是寄递物品的名称、性质、数量等应当尽量具体，不可过于笼统，性质应当标注为信件、物品，还可以标注为液体、易碎、生鲜食品等，以方便经营快递业务的企业作相应业务处理。

四、经营快递业务的企业应当履行的实名收寄义务

依照本条第二款的规定，经营快递业务的企业应当核实寄件人身份。对于首次交寄的寄件人应当采集其有效身份证件信息，通过快件实名收寄信息系统进行核实；采集过身份信息的寄件人再次交寄快件的，可以与系统生成的二维码、验证码等进行核实比对。为保护公民通信自由和通信秘密，《中华人民共和国反恐怖主义法》第二十条规定的实名收寄义务主体是“快递等物流运营单位”，对物流领域的实名收寄作了原则规定，据此，本条第二款对快递信件不规定实名收寄义务。已经签订安全协议的用户，已在订立安全协议过程中查验寄件人身份、登记其身份信息，包括单位用户指定的快件交寄工作联系人、经办人的身份及相关信息，故不在交寄快件环节件件重复实名操作。需要说明的是，实践中，经营快递业务的企业和用户基于民法诚实信用原则，也会以真实身份缔结信件的快递服务合同。这些实名收寄的信件业务信息，也应当作为企业运营信息依法报送邮政管理部门。但未实名收寄信件的行为，不在邮政管理部门行政处罚之列。

经过查验后，经营快递业务的企业应当登记寄件人的身份信息，但不得在快递运单上记录除姓名（名称）、地址、联系电话以外的用户身份信息，如有效身份证件号码，以防止用户信息泄露。但寄件人、代寄人、收件人、代收人自身在快递运单上记载姓名（名称）、地址、联系电话以外信息不在此限。例如，寄件人在快递运单上写上收件人“先生”“女士”等性别信息，不在禁止之列。依照《最高人民法院关于以法院专递方式邮寄送达民事诉讼文书的若干规定》（法释〔2004〕13号）第八条的规定，收件人在快递运单回执联上填写本人有效身份证件号码的行为，不属于经营快递业务的企业违反本条第二款规定的情形。还有学校作为寄件人，将收件人的准考证信息填写在录取通知书信件的快递运单上的行为，也不属于经营快递业务的企业的责任。

如果寄件人不提供其有效身份证件或者提供的身份信息经过查验后存在不一致的，经营快递业务的企业不得收寄该快件。

第二十三条　国家鼓励经营快递业务的企业在节假日期间根据业务量变化实际情况，为用户提供正常的快递服务。

条文主旨

本条是关于鼓励在节假日期间提供正常的快递服务的规定。本条规定将推动提升快递服务品质，适应用户对快递服务的更高要求。

本条包括以下内容：国家通过多种方式鼓励经营快递业务的企业在节假日期间提供正常的快递服务，经营快递业务的企业应当根据业务量变化的实际情况对服务资源、服务时限作出合理安排。

随着人民群众生活水平的提高和电子商务的日趋活跃，节假日期间的快递服务社会需求日益增强。本条以用户需求为导向，对节假日期间的快递服务作了规定。

释　义

节假日期间，由于快件业务量有所下降，从业人员大量返乡团聚，部分经营快递业务的企业在此期间暂停快递服务。随着经济社会的发展，快递业的基础性服务作用日益凸显，已经成为提升人民群众获得感的重要力量之一。为满足广大人民群众对快递服务的新需要，提高快递服务品质，本条对节假日期间的快递服务作了规定。

依照本条的规定，国家鼓励企业在节假日期间提供正常的快递服务。这是市场经济环境下，政府对快递业依法进行引导，提高快递服务品质的重要举措，也是政府在快递领域更好地发挥公共服务职能的具体体现。政府部门可以通过评优选先正向激励，在企业信用评价、财政金融等方面给予支持，促使经营快递业务的企业在节假日期间提供正常的快递服务。

依照本条的规定，经营快递业务的企业要承担起社会责任，在节假日期间根据业务量变化实际情况，努力为用户提供正常的快递服务，这是快递业公共服务属性增强所要求的。节假日期间提供快递服务，不仅可以拉动电子商务发展，方便用户网络购物，带动农产品销售，进而促进脱贫增收，还可以提高企业自身美誉度和市场竞争比较优势，实现高质量发展。本条有利于指引企业通过合理安排值班休假以及给予从业人员物质精神激励等多种有效措施，努力实现用户与劳动者的互利共赢。近几年春节期间，越来越多经营快递业务的企业加入到不打烊的行列，受到社会广泛认可，中央媒体对此作了宣传报道。

适用本条应当注意：一是节假日提供快递服务的，经营快递业务的企业应当根据业务量变化实际情况，作出合理适当的安排。节假日期间，经营快递业务的企业在保证提供正常快递服务的前提下，宜合理调配人员、车辆，合理安排作业频次，并不要求与非节假日完全相同。二是经营快递业务的企业在节假日提供快递服务应当如实对外告知，不得做不实宣传。无论全网开通，还是部分区域开通，是上门揽件，还是仅在营业场所揽收，以及节假日期间的服务时限，都要如实告知社会公众。

第二十四条　**经营快递业务的企业应当规范操作，防止造成快件损毁。**

法律法规对食品、药品等特定物品的运输有特殊规定的，寄件人、经营快递业务的企业应当遵守相关规定。

条文主旨

本条是关于依法合规处理和运输快件的规定。本条规定对于保障快件安全和内件品质，提高快递服务质量，维护用户合法权益具有重要意义。

本条包括以下内容：首先，经营快递业务的企业应当规范操作，不得暴力分拣、野蛮装卸，做到不抛件、不着地，防止造成快件损毁。其次，对于食品、药品和其他有特殊寄递要求的物品（锂电池等），寄件人应当事先声明并且采取妥善包装等必要措施；经营快递业务的企业应当按照有关规定审慎运输，防止发生内件变质或者其他致害情况。

暴力分拣、野蛮装卸等以危险方法处理快件的行为，容易造成快件损毁。近年来，通过快递渠道寄递樱桃、大闸蟹等食材以及中药材等药品的需求逐渐旺盛，这对快递服务提出了新的考验。为此，本条对依法合规处理与运输快件作了规定。

释　义

一、经营快递业务的企业应当规范操作，防止造成快件损毁

暴力分拣、野蛮装卸等以危险方法处理快件的行为广受关注，由此引发的社会批评和用户投诉较多。针对实践中存在的问题，本条第一款作了有针对性的规定。经营快递业务的企业在分拣、运输等环节应当严格依照法规规章、国家标准的要求规范操作，防止快件损毁；不得以抛扔、踩踏或者以其他容易造成快件损毁的方式处理快件。

暴力分拣、野蛮装卸等以危险方法处理快件的行为，暴露出部分经营快递业务的企业投入不足、管理松懈、服务意识淡薄等问题，应当多措并举加以解决。一是强

化内部管理，优化作业流程。经营快递业务的企业应当根据快递服务国家标准等有关要求，细化分拣、运输环节的操作流程和考核标准。按照快递服务国家标准和相关行业标准要求，在收寄环节，可以要求寄件人对易碎物品等进行声明，以便采取针对性的处理。在快件装卸、分拣等环节，企业应当遵循“大不压小、重不压轻、分类摆放”的作业规则，普通快件脱手时，离摆放快件的接触面的距离不应当超过30厘米，易碎件的距离不应当超过10厘米。二是加大资金投入，合理分配内部利益。产生暴力分拣问题的一个重要原因是企业粗放式地压减成本。总部企业在强化对加盟企业集中管控的同时，应当保障加盟企业必要的成本空间，使其具有改善作业流程和作业条件的积极性。三是加强监督检查，给予相应政策支持。邮政管理部门应当通过实施监督检查，对存在暴力分拣等行为的企业给予处理。同时，还应当会同有关部门出台政策措施，支持企业加强投入以升级设施设备，促使其不断提高快件处理的机械化、自动化水平。

二、寄件人、经营快递业务的企业应当遵守特定物品运输规定

食品、药品、医疗器械等特定物品需要特定的运输环境，如相应的温度、湿度或者其他条件，不满足这些条件将导致食品、药品变质，丧失其使用价值。《中华人民共和国食品安全法》第三十三条规定，“食品生产经营应当符合食品安全标准，并符合下列要求：……（六）贮存、运输和装卸食品的容器、工具和设备应当安全、无害，保持清洁，防止食品污染，并符合保证食品安全所需的温度、湿度等特殊要求，不得将食品与有毒、有害物品一同贮存、运输；……非食品生产经营者从事食品贮存、运输和装卸的，应当符合前款第六项的规定”。《中华人民共和国药品管理法》第五十三条第一款规定：“药品包装必须符合药品质量的要求，方便储存、运输和医疗使用。”国家有关部门还颁布了相应的实施办法，对食品、药品、医疗器械的运输作出具体规定。例如，国家发展改革委发布的《肉与肉制品冷链物流作业规范》，原国家食品药品监管总局发布的《药品经营质量管理规范》中冷藏、冷冻药品的储存与运输管理等 5 个附录以及《医疗器械冷链（运输、贮存）管理指南》等。寄件人交寄上述特定物品，应当妥善包装，并向经营快递业务的企业事先声明。经营快递业务的企业必须按照国家有关规定对食品、药品、医疗器械等采取特定的运输方式，符合所需的温度、湿度等特殊要求，不得将其与有毒、有害物品一同运递。目前，市场对寄递条件要求较高的生鲜食品的快递需求迅速增长。针对这一实际情况，经营快递业务的企业应当依照《国务院办公厅关于加快发展冷链物流保障食品安全促进消费升级的意见》（国办发〔2017〕29号）等文件要求，大力发展冷链快递，完善基础设施，加强设备投入，促进企业经营管理创新，满足居民消费升级需要。

还要注意的是，除禁寄物品外，某些物品在运递过程中也有一定潜在风险，国家对其运输实行一些特殊管理措施，寄件人和经营快递业务的企业应当遵守相关规定。原中央综治办、公安部、国家安全部、国家邮政局等9部门联合印发的《关于加强邮件、快件寄递安全管理工作的若干意见》（中综办〔2014〕24号）规定，建立特殊物品寄递安全管理制度，对禁寄物品以外的液态化学品、酒类、工艺刀具、锂电池等特殊物品的寄递，要在包装、物理隔离、运输等方面提出更高标准要求，实行分类处理、严格监管。

第二十五条 **经营快递业务的企业应当将快件投递到约定的收件地址、收件人或者收件人指定的代收人，并告知收件人或者代收人当面验收。收件人或者代收人有权当面验收。**

条文主旨

本条是关于快件投递和验收的规定。本条以行政法规的形式确立了快件投递和验收的基本规则，对于提高快递服务质量，避免快递服务争议具有重要意义。

本条规定突出了“约定”一词，强调了快递服务是合同服务的本质，允许各方根据实际情况灵活掌握，形成契合，而非简单的“一刀切”。化解快递是否送件上门的争议，最优选择是通过规则认同和协商约定，在快件投递前达成一致，让市场调节机制切实发挥优胜劣汰的作用。

结合有关法律规范，本条有以下三层含义：首先，快件投递以按照姓名、地址直接投递给收件人为最基本的要求，经收件人同意也可投递给其指定的代收人。其次，快件投递至智能快件箱是末端投递服务的技术创新形式，在收件人或者寄件人同意的前提下，可以作为快件交付的方式。最后，经营快递业务的企业在投递环节应当告知收件人当面验收快件，这是企业的法定义务。收件人或者代收人有权当面进行验收，这是其依法享有的权利。

作为快递服务“最后一公里”的投递环节，比较容易产生服务质量争议。针对快件不按照法定规则投递而引发纠纷，以及因未告知收件人当面验收而导致争议等实践中的突出问题，本条作了规定。

释 义

投递，又称派送，是经营快递业务的企业将快件交付于收件人或者其指定代收人的过程。投递是快递服务与货物运输之间的重要区别，属于快件寄递中的重要服务行为，既是经营快递业务的企业履行快递服务合同约定的义务，也是最终实现快递服务价值的关键节点。

一、快件投递以按名址面交为原则，其他投递方式为例外

（一）快件投递的主要方式是按名址面交

快递属于“门到门”的精细化、个性化服务，属于寄递服务的一种。《中华人民共和国邮政法》第八十四条

规定了“寄递”的含义，强调按照封装上的名址递送给特定个人或者单位，即按名址投递。根据上位法的原则规定，本条明确，经营快递业务的企业应当将快件投递到约定的收件地址，并应当投递给约定的收件人或者收件人指定的代收人。据此，一般情况下，快件投递服务应当按名址面交，将快件在约定的收件地址直接交付收件人，或者经收件人同意交付其代收人。快件交付收件人或者其指定的代收人，是经营快递业务的企业投递快件的最终结果，表明企业已完全、适当地履行了快件投递义务。

依照本条规定，经营快递业务的企业将快件交由代收人代收，应当经过收件人同意。这里的代收人，主要指收件人指定的收取快件的自然人或者组织（物业服务企业、单位收发室、村邮站等)，法律上属于收件人的代理人。个别经营快递业务的企业投递快件时，没有经过收件人同意就交给单位收发人员或者门卫等签收，常因收件人不知情而造成快件延误、丢失，或者收到时发现内件丢失、损毁。未获得收件人同意擅自将快件交他人代签收，对经营快递业务的企业来说是违约行为。司法实践中对此类纠纷，人民法院一般认定是经营快递业务的企业存在过错，应当承担赔偿责任。

需要注意的是：一是向收件人交付快件时，经营快递业务的企业应当对其身份进行必要的核实。尤其是投递贵重物品，应当查验收件人的有效身份证件，或者通过验证码、二维码等方式进行核实，避免发生冒领。二是经收件人同意，快件由他人代收的，应当核实代收人的身份，并告知代收人相关的权利义务。

（二）按名址面交快件的例外

快件投递原则上按名址面交，但在某些特殊情况下可以采取其他投递方式。

1. 按名址面交不成功。根据快递服务国家标准有关规定，在快件按名址免费投递两次仍无法完成投交的情况下，可以转为用户自取方式。按名址免费投递两次未成功的，如用户仍需按名址面交方式投递，经营快递业务的企业可以收取额外费用，但应当事先告知用户费用标准。

2. 与用户另有约定或者政府部门要求。有特殊需求的用户可以与经营快递业务的企业进行协商，采取名址面交以外的其他方式进行投递。在特定情形下，根据政府部门的要求，也可以采用其他方式。

3. 投递至智能快件箱。智能快件箱（含智能包裹柜等），是设立在商业区、居住区、办公区、校区、厂区等场所，供经营快递业务的企业投递和用户提取快件的自助服务设施。目前，快递末端投递服务正在逐渐形成住宅投递、智能快件箱投递互为补充的新格局。快件投递至智能快件箱，应当取得收件人或者寄件人同意。

（三）使用智能快件箱投递快件应当遵循的要求与法律责任

经营快递业务的企业使用智能快件箱投递快件应当符合以下要求：一是获得用户允许。快件投交以按名址面交为原则，因而使用智能快件箱投递快件应当取得收件人明示同意。寄件人交寄快件时指定智能快件箱作为投递地址的，可以直接将快件投递至指定的智能快件箱。用户未明示同意采用智能快件箱投递快件的，经营快递业务的企业应当依照名址面交原则投递。二是特定物品不宜投递至智能快件箱。在当前技术水平有限的情况下，一些智能快件箱不具备收寄、退件等功能。外包装出现明显破损的快件、快递运单上注明为易碎品的快件不宜投递至智能快件箱，内件物品是贵重物品的快件也不宜使用智能快件箱投递，但与寄件人另有约定的除外。三是履行告知义务。在准备使用智能快件箱投递快件，经营快递业务的企业征求收件人意见过程中，应当提示收件人自智能快件箱中取出快件则视为签收，并提示其验收事项。将快件投入智能快件箱后，企业还应当将快递运单码号、取件方法及所需信息、投递使用的智能快件箱布放地点告知收件人。四是提供必要的查询信息。企业应当通过电话或者互联网等方式提供快件跟踪查询信息，明确标识快件已投入智能快件箱、快件已被收件人取出、快件已被快递从业人员取出等节点信息。

二、投递快件时的企业告知义务与收件人验收权利

投递环节的快件验收，是经营快递业务的企业投递快件时，用户依照法律法规、国家标准及合同约定，对快件进行检查、检验的过程。实践中，一些企业未依照规定告知用户当面验收快件，导致服务质量争议。为此，本条作出规定，要求经营快递业务的企业告知收件人或者代收人当面验收。收件人或者代收人有权当面验收。据此，验收主体既包括收件人，也包括收件人指定的代收人。

（一）投递环节快件验收的法律意义

1. 明晰经营快递业务的企业的责任。经营快递业务的企业收寄快件后，应当依照《中华人民共和国邮政法》

以及本条例的要求将快件准确、安全地投递给收件人。收件人验收后签收，即表明快件不存在延误、丢失、损毁及内件短少的情形，经营快递业务的企业负担的快件寄递义务即告完成。

2. 保障收件人的快件验收权。此前，有观点认为，签收前的快件是属于寄件人的，寄递过程中由经营快递业务的企业占有，收件人不签收，快件就不属于收件人，其无权验收。本条规定赋予了收件人或者代收人当面验收快件的权利，即在快件的占有发生转移前，收件人、代收人有权验收。但要明确的是，此处的验收，一般是收件人对快件外包装的验视，快件外包装完好的，收件人应当签收。快件内件注明为易碎品或者外包装出现明显破损等异常情况下，经营快递业务的企业应当告知收件人先验收内件再行签收。对网购快件，经营快递业务的企业按照与寄件人的约定送收件人进行验收。

3. 便于用户及时便捷地行使救济权利。收件人在接收快件环节进行验收，发现易碎品或者外包装异常的快件内件物品存在损毁、数量短少、与快递运单信息不符等情形的，可以当即提出异议。这样可以防止快件交付之后，由于证据缺失、责任不清，导致双方发生纠纷。

（二）投递环节快件验收的要求

依照本条的规定，结合快递服务国家标准以及有关制度规范，经营快递业务的企业在投递环节对快件验收应当承担的义务主要包括以下两种情形：

1. 通常情形下快件投递环节的验收。经营快递业务的企业在投递快件时，应当告知收件人当面验收。如外包装完好，由收件人签字确认。投递的内件注明为易碎物品或者外包装出现破损等异常情况下，应当告知收件人先验收内件再行签收。

2. 网购快件等其他有特殊约定快件的验收。经营快递业务的企业应当与寄件人（商家）签订合同，明确双方在快件投递验收环节的权利义务，并提供符合合同约定的验收服务。寄件人（商家）应当将验收的具体程序等要求以适当的方式告知收件人，经营快递业务的企业在投递时也应当予以提示。需要明确的是，由于商品出卖人（寄件人）是以消费者（收件人）为买受人订立的买卖合同，因此网购商品的质量瑕疵担保责任应当由商品出卖人（寄件人）承担。经营快递业务的企业仅是快递服务合同中的当事人，其承担的义务是保证快件外包装完好和内件不出现丢失、毁损、短少，而不是网购商品买卖合同的当事人。司法实践中，人民法院也是区分处理商品买卖合同、快递服务合同。

第二十六条　快件无法投递的，经营快递业务的企业应当退回寄件人或者根据寄件人的要求进行处理；属于进出境快件的，经营快递业务的企业应当依法办理海关和检验检疫手续。

快件无法投递又无法退回的，依照下列规定处理：

（一）属于信件，自确认无法退回之日起超过6个月无人认领的，由经营快递业务的企业在所在地邮政管理部门的监督下销毁；

（二）属于信件以外其他快件的，经营快递业务的企业应当登记，并按照国务院邮政管理部门的规定处理；

（三）属于进境快件的，交由海关依法处理；其中有依法应当实施检疫的物品的，由出入境检验检疫部门依法处理。

条文主旨

本条是关于无法投递快件、无法投递又无法退回快件处理的规定。本条规定对于规范经营快递业务的企业处理无法投递的快件、无法投递又无法退回的快件，保护寄件人和相关权利人的权益具有重要作用。

本条包括以下内容：首先，经营快递业务的企业应当将无法投递的快件退回寄件人或者根据寄件人的要求处理。无法投递的进出境快件，经营快递业务的企业应当依法办理海关和检验检疫相关手续。其次，无法投递又无法退回的快件，按信件、信件以外的其他快件、进境快件等区分处理。

在快件寄递过程中，由于各种原因可能会出现无法投递的快件、无法投递又无法退回的快件，根据有关法律的规定，本条明确了这类快件的处理规则。

释　义

一、无法投递快件的处理

在快件投递过程中，个别快件无法交付给收件人，产生了无法投递的快件，原因主要有：收件人地址和联系方式不详或者错误，收件人拒收快件或者拒付应付的费用，快件保管期届满收件人仍未领取，收件人死亡且无合法继承人或者代收人等。

根据本条第一款的规定，经营快递业务的企业应当将无法投递的快件退回寄件人或者根据寄件人的要求处理。这实际上是终止履行投交收件人的义务。结合快递服务国家标准的有关规定，经营快递业务的企业应当联系寄件人，协商退回无法投递的快件。寄件人放弃快件的，由经营快递业务的企业对快件进行处理。寄件人要求退回的，经营快递业务的企业应当将快件退回，但寄件人应当支付退回快件产生的费用。寄件人也可以要求更改收件地址、收件人，并承担改寄费用。对无法投递的进境快件，经营快递业务的企业应当依法办理海关和检验检疫的相关手续，如向海关申请办理报关、完税或者申请办理报检。

二、无法投递又无法退回快件的处理

无法投递的快件，如果无法退回寄件人，即形成了无法投递又无法退回快件，业内一般称之为无着快件。无法投递又无法退回的原因主要有：寄件人地址和联系方式不详或者错误，寄件人声明放弃，快件退回后寄件人拒收或者拒付应付的费用，快件保管期届满寄件人仍未领取。为维护用户通信权利和财产权益，保护相关权利人的物权、隐私权等合法权益，本条第二款对处理无法投递又无法退回快件作了具体规定。

依照本条第二款的规定，结合有关制度规范，对无法投递又无法退回快件的处理具体分为三种情况：

1. 对无法投递又无法退回的信件，自经营快递业务的企业确认无法退回之日起超过 6 个月无人认领的，由经营快递业务的企业提出申请，在企业所在地邮政管理部门的监督下销毁。

2. 对无法投递又无法退回的其他快件，经营快递业务的企业应当进行登记，建立有关台账，记录无着快件的核实、保管和处理情况。除不宜保存的外，经营快递业务的企业应当安排专门场地进行保管，保管期限自无着快件登记之日起不少于 1 年。保管期届满无人认领的，由经营快递业务的企业进行开拆处理。开拆处理应当由两名以上从业人员共同进行，对开拆全过程进行监控、录像，并对快件的外包装和快件内件物品进行拍照，详细登记内件物品名称、性质、重量、特征。能从拆出的物品中寻找到收件人或者寄件人信息的，应当继续尝试投递或者退回。经营快递业务的企业应当依照规定建立无着快件的认领信息平台，将前述开拆快件所登记的相关信息进行公示，公示时间不少于30日。需要注意的是，经营快递业务的企业对无着快件的保管期限尚未届满，且依照快递服务合同约定应当提供查询服务的，用户出具相关交寄证明进行查询并核实的，应当予以投递或者退回，快递服务费按照约定执行。对不宜长期保存或者发生泄漏造成污染的无着快件，经营快递业务的企业应当依照有关规定作出应急处理，并在用户查询时向其提供书面说明。

3. 无法投递又无法退回的进境快件，处于报关阶段的物品类快件由海关依照《中华人民共和国海关法》规定处理。依照《中华人民共和国海关法》的规定处理无法投递又无法退回的进境快件时，发现有动植物、动植物产品或者其他依法应当实施检疫的物品的，则依照《中华人民共和国进出境动植物检疫法》等有关规定进行处理。无法投递又无法退回的进境快件，包括相关港澳台快件和国际快件。

第二十七条　快件延误、丢失、损毁或者内件短少的，对保价的快件，应当按照经营快递业务的企业与寄件人约定的保价规则确定赔偿责任；对未保价的快件，依照民事法律的有关规定确定赔偿责任。

国家鼓励保险公司开发快件损失赔偿责任险种，鼓励经营快递业务的企业投保。

条文主旨

本条是关于快件损失赔偿规则和运用保险机制分散快件损失风险的规定。本条的规定为处理快件赔偿纠纷提供了可遵循的依据，可以防范快件赔偿争议。

结合有关法律规范，本条有以下三层含义：首先，保价快件发生延误、丢失、损毁或者内件短少的，应当按照经营快递业务的企业与寄件人约定的保价规则确定赔偿责任；但经营快递业务的企业未依法履行提示、告知义务或者对快件损失有故意、重大过失的除外。其次，未保价快件发生延误、丢失、损毁或者内件短少的，依照《中华人民共和国合同法》《中华人民共和国侵权责任法》等民事法律关于格式条款、违约责任、侵权责任等方面的规定确定赔偿责任。其中，快递服务合同约定的限制赔偿责任条款如符合法定有效要件，可以作为确定赔偿责任的依据。最后，国家鼓励保险公司针对快递业的情况，开发快件损失赔偿责任险种，并鼓励经营快递业务的企业投保快件损失责任险。

随着快递服务的迅速发展，快件损失赔偿纠纷成为社会关注的问题之一。本条针对实践中的突出问题，在总结成熟经验的基础上，对快件损失赔偿规则和保险机制运用作了规定。

释 义

一、快件延误、丢失、损毁或者内件短少的界定

（一）快件延误的界定

快件延误，是指快件首次投递时间超出经营快递业务的企业承诺的快递服务时限，但尚未达到或者超过彻底延误时限的情形。快件延误在违约责任形态中属于迟延履行，又称债务人迟延。构成迟延履行须是债务履行期限已经届满，债务人能够履行而尚未履行。如果存在阻滞债务履行的法定或者约定免责事由，则不构成迟延履行。即快件寄递过程中，如果出现不可抗力或者双方

约定的免责事由，经营快递业务的企业可以免于承担快件延误的一般责任。彻底延误时限，是指自经营快递业务的企业承诺的快递服务时限届满时起，至用户可以将快件视为丢失时止的时间限度。

（二）快件丢失、损毁或者内件短少的界定

快件丢失，是指经营快递业务的企业寄递快件过程中发生的无法交付的情况。超过彻底延误时限的快件就可以视为丢失，即彻底延误时限届满后收件人仍未收到快件的，就可以从法律上认定为已经发生快件丢失的事实，而不论该快件在物理状态上是否还存在，也不论是否知道其下落。快件丢失既包括快件下落不明的情况，也包括因错误投递导致快件无法追回以及寄递过分迟延等情形。

快件损毁，包括完全毁损以及部分毁损，是指快件在寄递过程中发生毁坏或者破损，致使快件失去全部或者部分价值的情况。

快件内件短少，是指收件人接收到的快件内件数量或者重量发生日常可计量的短少，与快递运单信息不符的情况。

快件丢失、完全毁损在违约责任形态中属于不能履行，而快件内件短少、快件部分毁损在违约责任形态中则属于不完全履行。需要注意的是，内件不符是指内件的品名、数量或者重量与快递运单信息不符，而其中内件品名与快递运单信息不符的，则视为丢失或者完全毁损，内件数量或者重量与快递运单信息不符的则属于内件短少。

二、保价快件丢失、损毁或者内件短少的赔偿规则

（一）保价快件的法律意义

保价快件，是指经营快递业务的企业在收寄时由寄件人申报内件物品价值并交付保价服务费，在快件发生丢失、损毁或者内件短少时，由经营快递业务的企业在不超过申报价值的范围内进行赔偿的快件。保价意味着用户与经营快递业务的企业就快件损失的赔偿金额事先进行了约定。因此，一旦快件发生丢失、损毁或者内件短少，经营快递业务的企业应当按双方事先约定的保价金额对用户进行赔偿。

（二）保价快件丢失、损毁或者内件短少赔偿规则的适用

对快件丢失、损毁或者内件短少，经营快递业务的企业与用户约定的保价规则一般体现为：

1. 快件丢失的，经营快递业务的企业按照保价金额

进行赔偿。例如，快件内件物品实际价值为 100 元，保价额为 80 元，如发生快件丢失，用户获得的赔偿额将为 80 元。需要注意的是，虽然保价额由寄件人自行申报，并且这一申报是快件丢失后的赔偿依据之一，但寄件人申报快件保价额并非完全任意，而是受到快递服务合同中快件最高保价限额的限制。

2. 快件完全毁损的，即快件内件物品价值完全丧失，按照快件丢失进行赔偿；快件发生部分毁损的，即快件内件物品价值部分丧失，以快件丢失赔偿额度为基准，依据快件内件物品丧失价值占该物品总价值的比例进行赔偿。

3. 快件内件短少的，即内件品名相同，但数量或者重量不符，按照保价额与快件内件物品全部价值的比例对快件的实际损失予以赔偿。

需要注意的是，快件全部丢失或者全部损毁，经营快递业务的企业还应当免除本次快递服务费用，不含保价等附加费用。这主要是考虑到，用户与经营快递业务的企业形成的快递服务合同属于双务合同，在经营快递业务的企业造成快件丢失导致合同目的不能实现时，用户除有权要求经营快递业务的企业承担赔偿损失等违约责任之外，还有权解除合同并要求经营快递业务的企业退还其作为合同对价支付的快递服务费用。

（三）保价快件赔偿规则适用的例外

用户交寄快件申报保价额也就同时声明了内件物品的价值，通常情况下，经营快递业务的企业不核实内件的实际价值，而是以用户自行申报的价值为准，这是提高交易效率、简化交易程序的要求。经营快递业务的企业收取保价费后，双方即对赔偿金额达成合意，对双方均有法律拘束力。一般情况下，应当依照保价额赔偿。司法实践中，人民法院通常尊重当事人关于快件保价赔偿条款的约定，依照保价条款所确定的赔偿规则裁判损失赔偿责任。但在某些情况下也存在一些例外，需要突破保价规则的赔偿责任限制，一般是经营快递业务的企业对快件损失有故意或者重大过失，未依法履行提示与告知义务。在此情况下，人民法院一般认为经营快递业务的企业应当对快件内件物品的实际损失承担赔偿责任。

三、未保价快件丢失、损毁或者内件短少的赔偿规则

（一）应当适用民事法律的有关规定确定赔偿责任

依照《中华人民共和国邮政法》第四十五条第二款、

第五十九条的规定，快件损失赔偿适用民事法律的有关规定。据此，本条第一款重申，对未保件的快件，依照民事法律的规定确定赔偿责任。这一制度安排体现了对市场经济规律的尊重以及权利、义务、责任相一致的基本法治理念，也明确了邮政管理部门等行政机关不得对快件损失赔偿纠纷个案提出索赔、理赔金额要求，而是应当告知经营快递业务的企业、用户适用民事法律的规定。

（二）可能适用的民事法律规范

快递服务合同格式条款一般对未保价快件丢失、损毁或者内件短少作了限制赔偿责任的约定。限赔条款可否作为确定赔偿责任的依据，应当依照《中华人民共和国合同法》关于格式条款以及本条例关于快件收寄环节提示与告知的规定进行判断。符合以下条件的限赔条款可以作为未保价快件丢失、损毁或者内件短少确定赔偿责任的依据：限赔条款内容公平合理，经营快递业务的企业已经依法履行了提示与告知义务，且对快件损失不存在故意或者重大过失。这方面，江苏省高级人民法院提出的未保价快件损失赔偿的裁判标准（审判委员会会议纪要〔2016〕10 号）明确：寄件人没有选择保价，快递服务企业对于损失赔偿条款进行提示并特别说明的，快递物品丢失、毁损时，快递服务企业主张按照损失赔偿条款处理的，应予支持。

若未保价快件限赔条款的效力未得到认可、与用户未约定赔偿标准或者约定不明确的，在用户主张违约责任的情况下，适用《中华人民共和国民法总则》《中华人民共和国合同法》有关违约责任的规定。这里既包括关于违约责任的损失赔偿范围的规定，也包括依据可预见规则、与有过失（过失相抵）规则、减轻损害规则对损失赔偿范围进行限制的规定，以及因不可抗力等情形免除赔偿责任的规定。在用户主张侵权责任情形下，则适用《中华人民共和国民法总则》《中华人民共和国侵权责任法》关于侵权赔偿责任的规定。

四、快件延误的民事责任适用

快件延误时，经营快递业务的企业应当免除用户的本次快递服务费用（不含包装箱、保价等附加费用）；由于延误导致内件直接价值丧失的，则应当按快件丢失或者损毁进行赔偿。在双方就延误责任没有作出约定、经营快递业务的企业有故意或者重大过失、经营快递业务的企业对延误限赔条款未履行提示与告知义务的情况下，人民法院一般是按照《中华人民共和国合同法》《中华人民共和国侵权责任法》有关规定进行处理。

如果彻底延误时限届满后，经营快递业务的企业仍未将快件送达的，快件在法律上视为丢失。在此种情况下，经营快递业务的企业应当按照快件丢失的有关规定承担赔偿责任。司法实践中，人民法院一般是按此原则认定企业责任的。

五、保险机制与快件损失赔偿

快件寄递过程中，由于各种因素影响，难以完全避免损失事故的发生，经营快递业务的企业须依法赔偿，损失赔偿费用就构成了企业成本支出。这一成本若单纯依赖企业自行负担，金额巨大时则难以承受，保险即成为分散此种风险的有效机制。通过投保快件损失责任险，无论用户还是经营快递业务的企业均使不确定的损失转化为固定成本支出（保险费），确保了快递服务活动的正常开展。

从有效运用保险机制化解快件损失赔偿纠纷的角度出发，本条第二款规定：国家鼓励保险公司开发快件损失赔偿责任险种，鼓励经营快递业务的企业投保。根据这一规定，政府部门可以制定政策措施，引导、鼓励保险公司针对快递服务运行的特点，开发适合的快件损失责任险。实践中，快递业的保险产品比较缺乏。随着生鲜产品、文件资料的快递业务量增多，货物运输险已不能适应快递业发展需要。保险公司需要精准定位，设计、研发适宜产品，优化理赔流程，做到保险与快递的无缝对接。经营快递业务的企业除告知寄件人交寄贵重物品时购买相应的保险产品外，也可以根据企业自身的经营管理水平和风险管控能力，对寄递的快件投保，与保价服务相互搭配，共同化解风险。

第二十八条 **经营快递业务的企业应当实行快件寄递全程信息化管理，公布联系方式，保证与用户的联络畅通，向用户提供业务咨询、快件查询等服务。用户对快递服务质量不满意的，可以向经营快递业务的企业投诉，经营快递业务的企业应当自接到投诉之日起7日内予以处理并告知用户。**

条文主旨

本条是关于快递服务查询和投诉的规定。本条规定对于保障用户依法享有知情权，确保快递服务的透明度和可预见性，提高快递服务质量具有重要意义。

本条包括以下内容：首先，经营快递业务的企业应当实现快件寄递全程信息化管理，这是及时处理用户查询和投诉的基础。其次，经营快递业务的企业应当根据业务种类向用户提供电话或者互联网等联系方式，保持联络畅通，及时受理用户的业务咨询、快件查询，在规定的期限内对快件查询作出答复。最后，经营快递业务的企业应当及时、妥善处理用户对服务质量提出的异议。

业务咨询、快件查询、投诉处理均与快递服务质量密切相关，本条对此作了规定。

释　义

一、经营快递业务的企业应当提供符合规定的查询、咨询服务

查询，是用户向经营快递业务的企业查找、询问已交寄的快件及其处理状态或者处理结果的过程。用户对交寄的快件进行查询，是其享有快递服务知情权的重要体现。通过查询可以了解快件递送的即时状态，对不能查询到即时状态的，可依法行使相应的赔偿请求权。经营快递业务的企业还应当向用户提供快递业务咨询服务，

以实现其知情权。为切实保障用户权益以及对快件享有的财产权利，本条对快递服务的查询及业务咨询作了规定。

根据本条的规定，经营快递业务的企业提供的查询服务应当符合以下要求：

1. 通过信息化管理保障信息查询的即时性。经营快递业务的企业对快件寄递全过程实行信息化管理，使快件在整个递送过程中都处于信息网络的监控之下。用户可以对快件递送的各主要环节，包括收寄、分拣、中转、投递等进行实时查询，并能够迅速得到准确答复，从而使其知情权得到实现。

2. 提供的查询渠道、查询时间及可查询内容符合要求。经营快递业务的企业应当根据业务种类向用户提供电话或者互联网等查询渠道，保证与用户的联络畅通。

3. 查询期限内对查询的受理义务。按照快递服务国家标准，国内快件查询信息的有效期一般不得少于1年，港澳台及国际快件查询信息的有效期一般不得少于6个月。即用户查询在上述期限要求内的，经营快递业务的企业应当受理。

4. 在规定时限内对用户进行答复。对于通过互联网不能查找的快件，用户进行电话查询时，经营快递业务的企业应当告知快件所处的服务环节及所在位置。对不能提供快件即时信息的，应当告知用户彻底延误时限及索赔程序。

经营快递业务的企业提供的业务咨询服务也应当保持联系渠道畅通，所提供的信息必须真实、有效，不得出现误导用户的内容。

二、经营快递业务的企业应当及时、妥善处理用户的投诉

实践中，用户可能会由于种种原因向经营快递业务的企业提出快递服务质量异议。建立快递服务投诉处理机制，既是维护用户权益的需要，也是从根本上改进、提高经营快递业务的企业自身服务能力和服务质量的要求。《中华人民共和国邮政法》第六十五条规定，“邮政企业和快递企业应当及时、妥善处理用户对服务质量提出的异议”。本条以此为依据，对快递服务投诉处理作了具体规定。根据本条的规定，快递服务投诉处理应当符合以下要求：

1. 建立完善的投诉处理机制。经营快递业务的企业应当建立健全快递服务投诉制度，设置专门的投诉处理机构，及时、妥善处理用户对快递服务质量提出的异议。

2. 按照要求提供投诉渠道和受理投诉。经营快递业务的企业应当提供包括互联网、电话、信函等形式的投诉渠道，并将投诉渠道告知用户。

3. 在规定时限内完成对投诉的处理。经营快递业务的企业应当在接到投诉之日起 7 日内对投诉作出处理。与快递服务国家标准相比，本条例规定的投诉处理期限作了较大幅度压缩，与《中华人民共和国消费者权益保护法》第二十五条关于7 日内退货、7 日内返还商品价款的期限规定保持一致。

4. 投诉后续处理应当符合相关要求。投诉处理完毕，经营快递业务的企业应当在处理时限内及时将处理结果告知投诉人。如投诉人对处理结果不满意，还应当告知其可选择的其他权利救济方式。

需要注意的是，用户对企业的投诉处理结果不满意，可以依照《中华人民共和国邮政法》第六十五条的规定向邮政管理部门申诉。邮政管理部门应当实施行政调解，并自接到申诉之日起30 日内作出答复。

第二十九条　经营快递业务的企业停止经营的，应当提前10日向社会公告，书面告知邮政管理部门，交回快递业务经营许可证，并依法妥善处理尚未投递的快件。

经营快递业务的企业或者其分支机构因不可抗力或者其他特殊原因暂停快递服务的，应当及时向邮政管理部门报告，向社会公告暂停服务的原因和期限，并依法妥善处理尚未投递的快件。

条文主旨

本条是关于停止经营快递业务、暂停快递服务的行为规范。本条规定对于保障用户可持续地使用快递服务，维护快递市场秩序有重要作用。

本条包括以下内容：首先，停止经营快递业务应当提前10日向社会公告，书面告知邮政管理部门，交回快递业务经营许可证，并依法妥善处理尚未投递的快件。其次，因不可抗力或者其他特殊原因暂停快递服务应当及时报告邮政管理部门，向社会公告暂停服务的原因和期限，并依法妥善处理尚未投递的快件。

个别经营快递业务的企业随意停止经营或者暂停提

供快递服务，给用户正常使用快递服务带来不便，影响了快件安全和服务时效，在社会上造成不良影响，本条在《中华人民共和国邮政法》第五十八条的基础上，对此问题作了补充规定。

释 义

一、停止经营快递业务应当遵循的行为规范

《中华人民共和国邮政法》设立了快递业务经营许可，即经营快递业务必须依法取得邮政管理部门批准，从而建立了快递市场准入制度。与市场准入相对应的是市场退出制度，完善的市场主体制度既包括前者，也包括后者。经营快递业务的企业停止经营快递业务，交回快递业务经营许可证，是退出快递市场的体现。由于快递业务经营行为直接关系到快递用户财产权利和其他权益，个别经营快递业务的企业随意停止经营，易侵害用户合法权益，这无疑违背了我国快递法律制度关于保护用户合法权益的基本理念。为此，《中华人民共和国邮政法》第五十八条规定："快递企业停止经营快递业务的，应当书面告知邮政管理部门，交回快递业务经营许可证，并对尚未投递的快件按照国务院邮政管理部门的规定妥

善处理。”在此基础上，本条第一款作了补充规定，进一步完善了快递业务停止经营的法律制度。依照上述规定，经营快递业务的企业停止经营快递业务应当遵守以下行为规范：

（一）提前向社会公告

经营快递业务的企业应当提前10日向社会公告其停止经营快递业务的信息。公告可以通过互联网、报刊等渠道发布。提前向社会公告既可使用户作出预先安排，也有利于用户查询已交寄的快件进而行使相关救济权利。

（二）书面告知邮政管理部门

经营快递业务的企业停止经营快递业务，表明该企业将退出快递市场，应当书面告知邮政管理部门，主要目的是便于邮政管理部门及时掌握快递市场经营主体的信息，以更好地履行监督管理职责。经营快递业务的企业向邮政管理部门履行告知义务应当以书面形式进行，不得采用口头方式，否则不能产生告知的效力。随着电子政务的深入推行，依照规定通过互联网政务平台进行告知也属于书面告知。

（三）交回快递业务经营许可证

快递业务经营许可证是具有法律效力的许可批准文

件。经营快递业务的企业停止经营快递业务应当交回快递业务经营许可证。这样既能够防止快递业务经营许可证被用于违法活动，又体现了快递业务经营许可制度应有的严肃性。企业交回快递业务经营许可证的，许可证失效，由颁发该许可证的邮政管理部门依照法规规章的规定予以公告作废。企业停止经营快递业务，已向社会公告或者已书面告知邮政管理部门的，属于许可证失效情形之一。企业停止经营快递业务，未向社会公告且未书面告知邮政管理部门，邮政管理部门责令其限期交回许可证，企业到期未交回的，也属于许可证失效情形之一。

（四）依法妥善处理尚未投递的快件

经营快递业务的企业停止经营快递业务，对尚未投递的快件应当按照国家邮政局的规定作出妥善处理。例如，在征得寄件人同意的情况下，经营快递业务的企业可以将快件转交其他经营快递业务的企业代为寄递，或者将快件退还寄件人，同时退还收取的费用，并承担相应的违约责任。经营快递业务的企业停止经营快递业务时，严禁隐匿、毁弃快件或者将快件据为己有。

需要注意的是，经营快递业务的企业撤销其分支机构，除应当依照规定向邮政管理部门备案，并办理快递业务经营许可变更手续外，也应依照本条第一款的规定，提前10日向社会公告有关分支机构停止经营快递业务的信息，妥善处理该分支机构尚未投递的快件。

二、暂停快递服务应当遵循的行为规范

经营快递业务的企业因自然灾害等不可抗力或者节假日等特殊原因暂时停止快递服务，将对用户的快递服务需求造成一定影响。各地通过地方性法规、地方政府规章加强了对经营快递业务的企业暂停快递服务的约束，提出了相应管理措施，例如，《江苏省邮政条例》第三十二条第二款、《贵州省邮政条例》第三十五条、《广东省快递市场管理办法》第二十条第二款。

在总结地方立法成功经验的基础上，本条第二款对暂停快递服务作出规定："经营快递业务的企业或者其分支机构因不可抗力或者其他特殊原因暂停快递服务的，应当及时向邮政管理部门报告，向社会公告暂停服务的原因和期限，并依法妥善处理尚未投递的快件。"本条第二款所称的"暂停快递服务"，是指在一定时间内临时停止经营快递业务或者停止经营部分业务，而非不再经营快递业务。所称的"暂停快递服务"的原因必须是不可抗力或者其他特殊原因，如法定假日从业人员集中返乡或者区域自然灾害等。本条第二款所规定的“暂停快递服务”主体既包括企业法人，也包括企业分支机构。

依照本条第二款的规定，经营快递业务的企业暂停快递服务的，应当遵守以下行为规范：第一，及时报告邮政管理部门。这样便于邮政管理部门掌握快递服务供给能力变化情况，统筹协调快递服务资源配置，也可及时公开相关信息，以更好地满足社会对快递服务的需求。第二，向社会公告暂停快递服务信息。经营快递业务的企业应当就暂停快递服务的原因、期限以及业务品种、影响范围等事项通过互联网、报刊等渠道向社会公告，以便用户合理选择使用快递服务。第三，妥善处理尚未投递的快件。经营快递业务的企业对尚未投递的快件，可以在暂停快递服务之前将快件及时投递给用户，也可以委托其他经营快递业务的企业寄递，或者采取其他措施妥善处理。

第五章　快 递 安 全

本章体现安全发展理念，以构建快递业安全体系为核心，明确经营快递业务的企业在安全方面的主体责任，确保快递渠道安全、快递信息安全和快递业生产安全。包括禁限寄管理、收寄验视制度、快件安全检查制度、禁限寄物品处理、用户信息保护、安全生产责任制和突发事件应对等条款。

第三十条　**寄件人交寄快件和经营快递业务的企业收寄快件应当遵守《中华人民共和国邮政法》第二十四条关于禁止寄递或者限制寄递物品的规定。**

禁止寄递物品的目录及管理办法，由国务院邮政管理部门会同国务院有关部门制定并公布。

条文主旨

本条是关于经营快递业务的企业和寄件人应当遵守

禁限寄物品管理制度的规定。本条规定对于维护国家安全、社会公共安全和人民生命财产安全具有重要意义。

本条包括以下内容：首先，寄件人交寄快件和经营快递业务的企业收寄快件应当遵守法律、行政法规以及国务院和国务院有关部门关于禁限寄物品的规定。其次，明确了禁寄物品目录及管理办法的制定主体。

寄件人和经营快递业务的企业遵守禁限寄制度是维护快递渠道安全的前提，依法明确禁寄物品的范围和管理办法是维护快递渠道安全的制度基础，本条对此作了相应规定。

释 义

一、寄件人和经营快递业务的企业应当遵守禁限寄制度

本条第一款直接援引《中华人民共和国邮政法》的有关规定，体现了法制的统一性原则，也是立法过程中避免重复和冲突的常见做法。《中华人民共和国邮政法》第二十四条规定："邮政企业收寄邮件和用户交寄邮件，应当遵守法律、行政法规以及国务院和国务院有关部门关于禁止寄递或者限制寄递物品的规定。"依照《中华人

民共和国邮政法》第五十九条的规定，第二十四条的制度安排适用于快递企业。据此，禁限寄物品管理要求可以由法律、行政法规予以明确，也可以由国务院和国务院有关部门规定。例如，《中华人民共和国枪支管理法》第三十二条规定："严禁邮寄枪支，或者在邮寄的物品中夹带枪支。"《危险化学品安全管理条例》第六十四条第二款规定："任何单位和个人不得交寄危险化学品或者在邮件、快件内夹带危险化学品，不得将危险化学品匿报或者谎报为普通物品交寄。邮政企业、快递企业不得收寄危险化学品。"《国务院关于禁止犀牛角和虎骨贸易的通知》（国发〔1993〕39号）规定，"禁止出售、收购、运输、携带、邮寄犀牛角和虎骨"。

本条第一款向寄件人和经营快递业务的企业均提出了遵守禁限寄制度的要求，并在本条例第七章分别规定了寄件人、经营快递业务的企业违反本条第一款规定的法律责任。在维护快递渠道安全上，经营快递业务的企业负有不可推卸的主体责任，应当严格尽到收寄验视、安全检查义务，对于禁寄物品，应当按照规定将其阻止在寄递渠道之外。对于超出限制规定的限寄物品，应当按照有关规定依法处理。与此同时，寄件人也是保障快递安全的义务承担者。原中央综治办、公安部、国家安全部、国家邮政局等9部门联合印发的《关于加强邮件、快件寄递安全管理工作的若干意见》(中综办〔2014〕24号)明确提出:"进一步强化寄件人安全保障义务,加大对违法寄递行为查究力度。寄件人在邮件、快件中藏匿、夹带或者故意交寄禁止寄递或者限制寄递物品,构成违反治安管理行为的,由公安机关依法予以治安管理处罚。"寄件人在快件中夹带禁寄物品或者超出限制规定的限寄物品的,除依照《中华人民共和国治安管理处罚法》等有关法律、行政法规承担行政责任外,构成犯罪的,还应当依法追究其刑事责任。例如,交寄危险化学品造成严重后果的,构成危险物品肇事罪。

二、禁寄物品目录及管理办法由国家邮政局会同有关部门制定

本条第二款规定了禁寄物品目录及管理办法的制定主体。2016年12月16日,国家邮政局、公安部、国家安全部联合印发《禁止寄递物品管理规定》(国邮发〔2016〕107号),《禁止寄递物品管理规定》的附录中公布了修订后的《禁止寄递物品指导目录》。

《禁止寄递物品管理规定》相比之前的《禁寄物品

指导目录及处理办法（试行）》（国邮发〔2007〕152号）更加详尽具体：一是对禁寄物品涵盖范围作了较为清晰的界定；二是完善了邮政管理部门的监督管理内容；三是强调了寄件人的安全保障义务；四是强化了经营快递业务的企业的主体责任；五是细化了不同类型禁寄物品的处理方法。

修订后的《禁止寄递物品指导目录》中，禁寄物品的范围由之前的14类58种细化为19类188种。不仅包括管制器具、爆炸物品、非法出版物等传统意义上的禁寄物品，而且将《危险化学品目录》以及法律、行政法规、国务院和国务院有关部门规定禁止寄递的其他物品衔接纳入其中。

三、限寄物品有关规定

对部分物品实施限制寄递，主要是国家为了维护正常经济秩序和公共秩序的需要。关于限寄物品的规定，散见于相关法律、行政法规以及部门规章等。从限制措施来看，主要包括以下情况：

一是限制单个快件的内件物品数量。如《中华人民共和国烟草专卖法》第二十二条规定：“邮寄、异地携带烟叶、烟草制品的，不得超过国务院有关主管部门规定的限量。”依照国家烟草专卖局、原邮电部《关于恢复烟草及其制品邮寄业务的通知》(国烟专〔1993〕7号)规定,“邮寄卷烟、雪茄烟每件以二条(400支)为限(二者合寄时亦限二条)。邮寄烟叶、烟丝每件以五公斤为限(二者合寄不得超过十公斤)”,“用户邮寄烟草及其制品,每人每次限寄一件,不准多件邮寄”。

二是限制特定物品的寄递手续。寄递特定物品需要提供相关部门的证明材料,如《中华人民共和国种子法》第四十三条规定:“运输或者邮寄种子应当依照有关法律、行政法规的规定进行检疫。”《植物检疫条例》第九条规定,“按照本条例第七条的规定必须检疫的植物和植物产品,交通运输部门和邮政部门一律凭植物检疫证书承运或收寄。植物检疫证书应随货运寄”。《麻醉药品和精神药品管理条例》第五十四条第一款规定:“邮寄麻醉药品和精神药品,寄件人应当提交所在地设区的市级药品监督管理部门出具的准予邮寄证明。邮政营业机构应当查验、收存准予邮寄证明;没有准予邮寄证明的,邮政营业机构不得收寄。”以上法律法规都是从手续上对特定物品的寄递提出要求,以保障寄递渠道安全和公共秩序稳定。

此外，还有一些特定物品，在封装、储存等操作上有限制规定。

第三十一条　经营快递业务的企业收寄快件，应当依照《中华人民共和国邮政法》的规定验视内件，并作出验视标识。寄件人拒绝验视的，经营快递业务的企业不得收寄。

经营快递业务的企业受寄件人委托，长期、批量提供快递服务的，应当与寄件人签订安全协议，明确双方的安全保障义务。

条文主旨

本条是关于经营快递业务的企业执行收寄验视制度的规定。收寄验视制度是保障快递渠道安全的核心制度，对于守护安全底线具有基础性作用。

本条包括以下内容：首先，经营快递业务的企业收寄快件，应当依照《中华人民共和国邮政法》的规定验视内件，即对交寄的信件，必要时企业可以要求寄件人开拆，进行验视，但不得检查信件内容；对信件以外的快件，企业收寄时应当当场验视内件。对经过验视的快件还应当依照规定作出验视标识。寄件人拒绝验视的，经营快递业务的企业不得收寄。其次，经营快递业务的企业应当与长期、批量使用快递服务的寄件人签订安全协议，明确双方的安全保障义务。这一制度安排充分体现了坚持安全第一与便民高效相结合的原则。需要说明的是，双方签订了安全协议并不免除经营快递业务的企业所承担的收寄验视法定义务。

收寄验视制度对于维护寄递渠道安全至关重要，本条根据《中华人民共和国邮政法》等有关规定，结合实践中出现的新情况，对快件收寄验视制度作出了可执行的实施规定。

释　义

收寄验视，是指经营快递业务的企业接收寄件人交寄的快件时，查验快件的封装用品、填充材料、内件物品是否含有禁寄物品、超出限制的限寄物品，以及寄件人提供的快递运单事项信息是否与其交寄物品的名称、性质、数量相符的行为。

一、收寄验视制度的重要意义

近年来，快递服务已经成为社会经济生活重要的服务业态，在促进电子商务发展以及方便物品传递与信息交换等方面发挥着重要作用。但不容忽视的是，由于快递服务具有简便快捷、人货分离的特点，容易被不法分子所利用。建立并严格执行收寄验视制度，严把快件源头关口，是将违禁品堵截在快递渠道之外最根本、最基础的方法，是保障快递渠道安全的重要措施，关系到国家安全和社会公共安全，关系到广大人民群众的生命财产安全，关系到一线快递从业人员的人身安全。为此，《中华人民共和国邮政法》第二十五条、第五十九条规定，经营快递业务的企业应当依法建立并执行收寄验视制度。《中华人民共和国反恐怖主义法》第二十条也规定，快递等物流运营单位应当实行安全查验制度，依照规定对寄递物品进行安全检查或者开封验视。对禁止寄递，存在重大安全隐患，或者客户拒绝安全查验的物品，不得寄递，且应当实行寄递物品信息登记制度。据此，建立并严格执行收寄验视制度是经营快递业务的企业法定义务，必须不折不扣地落实。

二、收寄验视制度的主要内容

根据《中华人民共和国邮政法》第二十五条、第五十九条的规定以及有关制度规范，收寄验视制度主要包括以下内容：

1. 经营快递业务的企业应当提示寄件人如实提供快递运单事项信息，并核对寄递物品的名称、性质、数量是否与寄件人提供的信息相符。

2. 寄件人交寄信件以外的快件，经营快递业务的企业应当在寄件人在场的情况下，当面验视寄递物品及寄件人预作包装的封装用品、填充材料，检查是否含有禁寄物品，交寄的限寄物品是否超出限制规定，快件的封装是否满足寄递安全需要等。

3. 寄件人交寄信件的，经营快递业务的企业如认为有夹带禁限寄物品可能的，可以要求寄件人当场开拆以验视内件；寄件人拒绝开拆的，经营快递业务的企业不予收寄。需要注意的是，验视信件应当由寄件人开拆，企业不得自行开拆；对信件进行验视时，企业不得检查信件的内容。如果快递信件封套内的信息载体是电子介质（如一盒光盘），同样不得阅读、查看其存储的电子数据信息，但可以查验物体本身是否夹带有毒品、淫秽图片等禁寄物品。

4. 依照国家规定需要用户提供有关书面凭证的，经营快递业务的企业应当要求寄件人提供凭证原件，核对无误后，方可收寄。例如，经营快递业务的企业对不能确定安全性的存疑物品，应当要求寄件人出具相关专业机构或者有关部门开具的安全证明，否则不予收寄。依照《中华人民共和国反恐怖主义法》第二十条的规定，经营快递业务的企业还应当登记寄递物品的信息，并保存有关记录。

5. 对验视后收寄的快件，本条第一款还要求，经营快递业务的企业应当作出验视标识。实践中，通常是以加盖验视章等方式，载明验视人员的姓名或者工号。原中央综治办、公安部、国家安全部、国家邮政局等9部门联合印发的《关于加强邮件、快件寄递安全管理工作的若干意见》（中综办〔2014〕24号）也要求，寄递企业对收寄的邮件、快件实行先“验视”后“封箱”制度，在邮件、快件上加盖收寄验视戳记或者在快递运单上设置收寄验视签字栏并签名。验视标识制度可以保证收寄验视责任落实到人，形成可追溯的倒查机制。

三、经营快递业务的企业应当与长期、批量使用快递服务的寄件人签订安全协议

网络购物现已成为人民群众日常生活的组成部分。在目前的快递业务量中，网购快件占有相当大的比例。

网购快件往往具有发货批量大、持续时间长、寄递物品种类相对固定等特点，完全比照零散用户执行快递渠道安全管理制度，将影响服务效率和用户体验。在保障快递安全的前提下，遵循便民高效的原则，国家有关部门出台了相应的寄递安全管理制度。国家邮政局印发的《邮件快件寄递协议服务安全管理办法（试行）》（国邮发〔2017〕21号）作了较为详尽的规定。在总结实践经验的基础上，本条第二款规定："经营快递业务的企业受寄件人委托，长期、批量提供快递服务的，应当与寄件人签订安全协议，明确双方的安全保障义务。"

根据本条第二款的规定，结合有关制度规范，经营快递业务的企业应当与长期、批量使用快递服务的寄件人签订安全协议，明确各自承担的安全保障义务。主要内容包括：第一，经营快递业务的企业告知寄件人应当遵守禁限寄制度，不得利用快件从事危害国家安全、社会公共利益或者他人合法权益的活动，并应当取得寄件人作出的相应承诺。第二，经营快递业务的企业告知寄件人如实提供快递运单事项信息，包括寄件人和收件人的名址、联系电话和寄递物品的名称、性质、数量等。必须明确的是，依据本条第二款签订的安全协议，仅是明确经营快递业务的企业与长期、批量使用快递服务的寄件人之间的安全保障义务，并不免除经营快递业务的企业所承担的收寄验视义务，也不免除经营快递业务的企业未履行收寄验视义务应当承担的法律责任。

第三十二条　经营快递业务的企业可以自行或者委托第三方企业对快件进行安全检查，并对经过安全检查的快件作出安全检查标识。经营快递业务的企业委托第三方企业对快件进行安全检查的，不免除委托方对快件安全承担的责任。

经营快递业务的企业或者接受委托的第三方企业应当使用符合强制性国家标准的安全检查设备，并加强对安全检查人员的背景审查和技术培训；经营快递业务的企业或者接受委托的第三方企业对安全检查人员进行背景审查，公安机关等相关部门应当予以配合。

条文主旨

本条是关于经营快递业务的企业对快件进行安全检查的规定。本条的规定对于有效识别禁寄物品，保障快递渠道安全具有重要意义。

本条包括以下内容：首先，经营快递业务的企业依照国家规定对快件进行安全检查，并对经过安全检查的快件作出安全检查标识。经营快递业务的企业可以委托第三方企业对快件进行安全检查，但不因此免除自身对快件安全承担的责任。其次，对快件进行安全检查，应当使用符合强制性国家标准的安检设备。再次，经营快递业务的企业或者接受委托的第三方企业应当加强对安全检查人员的背景审查，公安机关等部门应当予以配合。最后，经营快递业务的企业或者接受委托的第三方企业还应当加强对安全检查人员的技术培训。

快件过机安检是保障快递安全的重要措施，本条对此作了实施性的具体规定。

释 义

一、经营快递业务的企业依照国家规定对快件进行安全检查

近年来，快递业务量迅速增长，快递物品种类繁多，单纯依靠从业人员在收寄验视环节肉眼识别，难以排除所有安全隐患。在此情况下，必须借助符合国家强制性

标准的安检设备对已经收寄的快件进行安全检查。《中华人民共和国反恐怖主义法》第二十条第一款明确，快递等物流运营单位应当实行安全查验制度，依照规定对寄递物品进行安全检查或者开封验视。原中央综治办、公安部、国家安全部、国家邮政局等 9 部门联合印发的《关于加强邮件、快件寄递安全管理工作的若干意见》（中综办〔2014〕24 号）提出："落实安检制度和措施。寄递企业应严格执行各项安全检查制度，配备符合国家标准或行业标准的收寄验视手持设备和 X 光机对邮件、快件进行安检。"

依照本条第一款的规定，经营快递业务的企业既可以自行对快件进行安全检查，也可以委托第三方对快件进行安全检查。经营快递业务的企业是快件安全检查的法定责任主体，承担安检设备配置、使用与管理等方面的主体责任。一般情况下，收寄快件的企业应当对快件进行安检或者委托第三方企业安检；两个以上经营快递业务的企业使用统一的商标、字号或者快递运单经营快递业务的，商标、字号、快递运单所属企业应当在其快件处理场地再次进行快件过机安检；国家对于快件投递等服务环节的过机安检另有规定的，经营快递业务的企业应当遵照执行；商标、字号、快递运单所属企业对快件过机安检负有统一管理的义务。鉴于安检工作具有较强的专业性，为发挥专业机构的作用，本条第一款规定经营快递业务的企业可以委托第三方企业对快件进行安全检查。委托第三方企业安检的，经营快递业务的企业应当与之签订合同，约定各自的权利、义务和责任。但要注意的是，对快件进行安全检查是经营快递业务的企业的法定义务，委托实施安检是履行该义务的方式之一，并不免除该义务。基于此，经营快递业务的企业应当审慎选择第三方企业，对其工作加强履约检查，确定有效落实快件安全检查制度。

依照本条第一款的规定，对于经过安全检查的快件，应当作出安全检查标识。这样有利于准确辨识经过安全检查的快件，还可以形成可追溯的倒查机制。根据国家邮政局印发的《邮件快件微剂量 X 射线安全检查设备配置管理办法（试行）》（国邮发〔2016〕67 号）等制度规范的要求，安全检查标识通常是采用在快件的醒目位置加盖安检戳记等方式，对已过机安检的快件逐件作出安检标识，载明安检单位和安检省份，确保快件应检必检。

经营快递业务的企业对快件进行安全检查的范围、程序等要求，应当严格执行国家有关规定。例如，对于航空和高铁快件，以及港澳台快件、国际快件应当全面过机安检；对重点地区、重点部位、重大活动所在地的寄达快件应当再次过机安检；对于省际快件应当过机安检；省内及同城快件根据需要配置安检设备。参照本条例第三十一条的规定，已签订安全协议的寄件人交寄的大宗快件可以实行差异化、有针对性的过机安检。除按照国家规定必须全面过机安检的快件外，其他快件在经营快递业务的企业与邮政管理部门签订安全责任书并报备安全协议，征求有关部门同意后，可以对寄件人交寄的大宗快件，采取抽样等特定方式过机安检。经营快递业务的企业应当建立大宗快件过机安检档案，档案中载明每批次快件的品名、属性、数量以及快递运单的号段、抽样比例、样品单号等内容。

二、安全检查设备应当符合强制性国家标准，并加强对安全检查人员的背景审查和技术培训

落实快件安全检查制度，依赖两个重要因素：一是物的因素，安全检查设备必须符合强制性国家标准；二是人的因素，从事安全检查的人员应当具备良好的职业操守和职业技能。为此，本条第二款对安全检查设备和安全检查人员提出了要求。

（一）安全检查设备应当符合强制性国家标准

安全检查设备直接关系到快件安全检查的实际效果，只有使用符合标准的安全检查设备才可以达到实施快件安全检查的目的。本条第二款规定，“经营快递业务的企业或者接受委托的第三方企业应当使用符合强制性国家标准的安全检查设备”。按照这一规定，安全检查设备应当符合强制性国家标准。根据《中华人民共和国标准化法》有关规定，国家标准分为强制性标准、推荐性标准，强制性标准必须执行。对保障人身健康和生命财产安全、国家安全、生态环境安全以及满足经济社会管理基本需要的技术要求，应当制定强制性国家标准。快递安全关系到国家安全、社会公共安全和人民生命财产安全，因而快件安全检查设备应当制定强制性国家标准，进行快件安全检查也应当使用符合国家强制性标准的安全检查设备。

（二）加强对安全检查人员的背景审查和技术培训

安全检查人员直接从事快件安全检查工作，必须保障其具有良好的道德品行和职业技能。本条第二款从加强对安全检查人员的背景审查和技术培训的角度，保障快件安全检查制度的落实。安全检查人员既包括操作安检设备的专兼职人员，也包括负责管理安检业务的管理人员。随着新业态的发展，使用便携式安检设备对快件进行安检的收派人员同时具有安全检查人员的身份。这里的“背景审查”，是通过对安全检查人员的一贯表现、守法情况以及其主要社会关系、接触群体等进行了解，综合判断其有无违法犯罪的危险、倾向，是否受恐怖主义、极端思想等影响。审查可以通过谈话、查阅资料、发函商请有关单位提供情况等多种方式进行。为实施好背景审查，本条第二款还规定，“经营快递业务的企业或者接受委托的第三方企业对安全检查人员进行背景审查，公安机关等相关部门应当予以配合”。这主要考虑到，刑事犯罪记录、治安处罚记录以及恐怖主义嫌疑情况只有公安机关等有关部门掌握。经过背景审查，如果发现安全检查人员有潜在危险的，应当调整其工作岗位，以防止形成安全隐患。对重要岗位进行背景审查，其他法律、行政法规有立法例。《中华人民共和国网络安全法》第三十四条规定，关键信息基础设施的运营者应当“设置专门安全管理机构和安全管理负责人，并对该负责人和关键岗位的人员进行安全背景审查”。《长江三峡水利枢纽安全保卫条例》第二十八条第一款规定，“加强对重要岗位工作人员的背景审查及其身份核对”。此外，经营快递业务的企业或者接受委托的第三方企业应当对安全检查人员加强技术培训，使其熟悉操作规程，熟练使用安全检查设备，能够准确识别禁寄物品。

第三十三条 **经营快递业务的企业发现寄件人交寄禁止寄递物品的，应当拒绝收寄；发现已经收寄的快件中有疑似禁止寄递物品的，应当立即停止分拣、运输、投递。对快件中依法应当没收、销毁或者可能涉及违法犯罪的物品，经营快递业务的企业应当立即向有关部门报告并配合调查处理；对其他禁止寄递物品以及限制寄递物品，经营快递业务的企业应当按照法律、行政法规或者国务院和国务院有关主管部门的规定处理。**

条文主旨

本条是关于经营快递业务的企业对于禁限寄物品处理方法的规定。本条规定对于指导企业正确、适当处理禁限寄物品，防范危害人身、财产安全的事件具有重要作用。

依照本条及国家有关规定，收寄环节发现禁寄物品的，经营快递业务的企业应当拒绝收寄。已经收寄的，应当立即停止分拣、运输、投递，并且根据不同情形分别处理：对快件中依法应当没收、销毁或者可能涉及违法犯罪的物品，经营快递业务的企业应当立即向有关部门报告并配合调查处理；对其他禁限寄物品，按照有关规定处理。

本条例第三十条、第三十一条、第三十二条已经分别对禁限寄制度、收寄验视制度和安全检查制度作出规定，以防止禁限寄物品违规进入快递渠道。为应对可能发生的极少数不法分子在快件中夹带禁限寄物品的情况，本条明确了快件寄递过程中发现禁限寄物品的处理规范。

释　义

本条内容分为两个层次：一是对于快件收寄过程中发现禁寄物品的，经营快递业务的企业应当拒绝收寄；二是对于已经收寄的快件中发现禁限寄物品的，应当依法分类处理。

由于寄件人故意隐匿等特殊原因，禁寄物品在收寄过程中未被发现，而在后续分拣、运输或者投递过程中被发现的，依照本条规定，应当立即停止后续运递程序。对于依法应当没收、销毁或者可能涉及违法犯罪的物品，立即向有关部门报告并配合调查处理。国家邮政局、公安部、国家安全部联合印发的《禁止寄递物品管理规定》(国邮发〔2016〕107号）对此作了较为详尽的规定。主要内容有：发现各类枪支（含仿制品、主要零部件）、弹药、管制器具等物品或者各类毒品、易制毒化学品的，应当立即报告公安机关；发现各类爆炸品、易燃易爆等危险物品的，应当立即疏散人员、隔离现场，同时报告公安机关；发现各类放射性、毒害性、腐蚀性、感染性等危险物品的，应当立即疏散人员、隔离现场，同时视情况报告公安、环境保护、卫生防疫、安全生产监督管理等部门；发现各类危害国家安全和社会稳定的非法出版物、印刷品、音像制品等宣传品的，应当及时报告国家安全、公安、新闻出版等部门；发现各类伪造或者变造的货币、证件、印章以及假冒侵权等物品的，应当及时报告公安、市场监管等部门；发现各类禁止寄递的珍贵、濒危野生动物及其制品的，应当及时报告公安、野生动物行政主管等部门；发现各类禁止进出境物品的，应当及时报告海关、国家安全等部门；发现使用非机要渠道寄递涉及国家秘密的文件、资料及其他物品或者各类间谍专用器材、疑似间谍专用器材的，应当及时报告国家安全机关；发现其他禁寄物品或者疑似禁寄物品的，应当依法报告相关政府部门处理。对其他不属于依法应当没收、销毁或者可能涉及违法犯罪的禁限寄物品，依照本条规定，经营快递业务的企业应当按照法律、行政法规或者国务院有关主管部门的规定处理。

第三十四条　**经营快递业务的企业应当建立快递运单及电子数据管理制度，妥善保管用户信息等电子数据，定期销毁快递运单，采取有效技术手段保证用户信息安全。具体办法由国务院邮政管理部门会同国务院有关部门制定。**

经营快递业务的企业及其从业人员不得出售、泄露或者非法提供快递服务过程中知悉的用户信息。发生或者可能发生用户信息泄露的，经营快递业务的企业应当立即采取补救措施，并向所在地邮政管理部门报告。

条文主旨

本条的立法本意是，对用户使用快递服务的信息加强保护。本条规定对于保护快递信息安全，维护快递用户合法权益，回应社会关切的热点问题具有重要意义。

本条包括以下内容：首先，经营快递业务的企业应当建立快递运单及电子数据管理制度，即依照《中华人民共和国网络安全法》以及国家有关规定，保障信息网络安全，妥善保管用户信息等电子数据，定期销毁快递运单，采取有效技术手段保证用户信息安全。其次，经营快递业务的企业及其从业人员必须严守保护用户信息安全的底线，即不得出售、泄露或者非法提供快递服务过程中知悉的用户信息。最后，规定了发生或者可能发生用户信息泄露的应对措施，即经营快递业务的企业应当立即采取补救措施，并向所在地邮政管理部门报告。

由于经营快递业务的企业必须依法登记寄件人的姓名、地址、联系电话等身份信息，往往也保存了一部分收件人的信息，故快递服务用户信息中含有大量公民个人信息。随着快递服务的迅速发展，用户信息安全问题日益引起社会的广泛关注。本条以问题为导向，适应快递信息化出现的新情况，对快递服务用户信息保护作了有针对性的具体规定。

释　义

快递服务用户信息，是指用户在使用快递服务过程中的信息。包括寄件人（代寄人）、收件人（代收人）的姓名、地址、身份证件号码、电话号码、单位名称、寄递物品明细以及快递服务信息记录、查询期内的快递运单码号等内容。

一、保护快递服务用户信息的必要性

快递作为一种“门到门”的服务，快件一般是由快递从业人员上门揽收与派送。相对于货运，快递服务过程中记录和保存的公民个人信息更多。快递服务用户的信息安全也显得更为重要，一旦信息泄露，即意味着用户的姓名、联系电话及具体地址可能暴露在公众视野之下。在数字化和网络化的今天，信息安全不仅关系到公民个人隐私权，更与用户个人的人身财产安全等息息相关。一段时间以来，非法泄露、买卖快递服务用户信息

的案件呈多发趋势，甚至形成了从非法收集、提供、窃取到交易、交换的利益链，危害社会公共安全和公民生命财产安全，妨碍快递业的健康发展。

快递服务用户信息被泄露可能带来的危害表现为：第一，用户的日常生活受到影响，可能遭到无谓的骚扰。有些商家获取用户信息后，向用户推销商品和服务，使用户不胜其烦。第二，助长网络交易中存在的歪风邪气。有的电子商务经营者通过非法获取的快递服务用户信息进行“刷单”，以虚假交易来抬高自身的“信誉”，增加自己的好评，误导消费者。第三，用户的人身财产安全受到威胁。有的不法分子利用其非法获取的快递服务用户信息，冒充快递从业人员用假快件骗取用户货款，实施诈骗；有的在非法获取快递服务用户信息后，冒领内件物品价值较高的快件；更有甚者，还发生过因信息被泄露导致的入室抢劫恶性案件。因此，必须依法严格保护快递服务用户信息。《中华人民共和国邮政法》《中华人民共和国消费者权益保护法》《中华人民共和国网络安全法》《中华人民共和国民法总则》和《中华人民共和国刑法》等法律从不同的角度对快递服务用户信息给予了法律保护，本条也作了针对性很强的规定。

二、经营快递业务的企业应当建立快递服务用户信息管理制度，采取有效技术手段保证用户信息安全

快递服务用户信息的泄露，可能有多种渠道，包括网络购物平台、快递运单、经营快递业务的企业后台电子数据等。依照本条第一款的规定，快递服务用户信息管理主要包括快递运单和电子数据两方面的内容。

（一）快递运单管理制度

快递运单记载了快递服务用户信息，需要采取严密、有效的措施进行管理。对于纸质快递运单，经营快递业务的企业应当集中、封闭保存，设专人进行管理，采取必要的安全防护措施。企业内部人员因工作需要查阅快递运单档案时，应当确保档案完整无损，并做好查阅登记，不得私自携带离开存放地。保存期满的快递运单应当按规定进行销毁，按照《快递服务 第2部分：组织要求》国家标准（GB/T　27917.2－2011）有关要求，国内快递运单的实物保存期限一般不少于1年，港澳台快递、国际快递运单的实物保存期限不少于6个月。保存期满后，应当定期集中销毁，并做好销毁记录，严禁丢弃或者贩卖，防止流入不法分子之手。

（二）快递服务用户信息电子数据管理制度

经营快递业务的企业在收寄快件过程中采集到大量的用户信息，多是以电子数据形式存储，由于电子数据易复制、传播快，一旦泄露后果更为严重，必须采取更加严格的安全保障措施。经营快递业务的企业应当依照《中华人民共和国网络安全法》等有关规定，履行好快递信息网络系统安全保护义务，防范用户信息被非法窃取。经营快递业务的企业还应当采取技术措施和其他必要措施，防止用户信息通过内部人员或者其他渠道流失。

快递服务用户信息安全的具体管理办法，依照本条第一款的规定由国家邮政局会同有关部门制定，可以专门印发一部规范性文件，也可以通过修改部门规章、规范性文件的方式落实。

三、经营快递业务的企业及其从业人员应当遵守用户信息保护的禁止性规定及其补救措施

快递服务用户信息主要由经营快递业务的企业掌控，接触信息的企业内部人员是责任主体，强调企业及其从业人员的法定义务尤为重要。因此，本条第二款规定，“经营快递业务的企业及其从业人员不得出售、泄露或者非法提供快递服务过程中知悉的用户信息”。这一规定是经营快递业务的企业及其从业人员不可触碰的红线。这里所称的“出售”，一般表现为经营快递业务的企业及其从业人员将自身掌握的快递服务用户信息出卖给他人，从中牟利。经营快递业务的企业之间吸收合并、新设合并，用户信息保管义务一并转移的，依照国家有关规定进行。这里的“泄露”，一般表现为经营快递业务的企业及其从业人员放任快递服务用户信息被不应当知悉的他人知悉，或者因保管不力造成该结果。这里的“非法提供”，一般表现为经营快递业务的企业及其从业人员违反国家规定将快递服务用户信息展示、转交、复制给他人。依照《中华人民共和国邮政法》第三十五条第二款、第五十九条的规定，除法律另有规定外，经营快递业务的企业及其从业人员不得向任何单位或者个人泄露用户使用快递服务的信息。根据上述规定，经营快递业务的企业提供用户信息，限于法律规定的情形和对象。依照《中华人民共和国邮政法》第三十六条、第五十九条的规定，因国家安全或者追查刑事犯罪的需要，公安机关、国家安全机关或者检察机关可以要求经营快递业务的企业提供用户信息；依照该法第六十一条的规定，邮政管理部门可以进入经营快递业务的企业实施现场检查，查阅、复制快递服务用户信息。根据《中华人民共和国监察法》第三条、第十八条的规定，监察机关行使监督、调查职权，可以调取快递服务用户信息。另外，根据《中华人民共和国消费者权益保护法》《中华人民共和国网络安全法》等有关规定，经用户书面同意，亦即用户通过书面授权的方式明确允许的情形下，经营快递业务的企业可以向他人提供其使用快递服务的相关信息。还要注意的是，根据《中华人民共和国网络安全法》第四十二条第一款的规定，提供经过处理无法识别特定个人且不能复原的用户信息，依照有关规定执行。

《中华人民共和国网络安全法》第四十二条第二款规定："网络运营者应当采取技术措施和其他必要措施，确保其收集的个人信息安全，防止信息泄露、毁损、丢失。在发生或者可能发生个人信息泄露、毁损、丢失的情况时，应当立即采取补救措施，按照规定及时告知用户并向有关主管部门报告。"针对实践中发生或者可能发生快递服务用户信息泄露的情形，本条第二款作了具体规定，要求经营快递业务的企业立即采取补救措施，及时向所在地邮政管理部门报告情况。这一制度安排有利于防范因快递服务用户信息泄露导致的安全事件，减少危害后果。

经营快递业务的企业及其从业人员出售、泄露或者非法提供用户信息的，除依照《中华人民共和国邮政法》、本条例和其他有关法律、行政法规承担行政责任外，构成犯罪的还要依法追究刑事责任。司法实践中，人民法院对快递从业人员在互联网上兜售用户信息的行为，以侵犯公民个人信息罪追究刑事责任。

第三十五条　**经营快递业务的企业应当依法建立健全安全生产责任制，确保快递服务安全。**

经营快递业务的企业应当依法制定突发事件应急预案，定期开展突发事件应急演练；发生突发事件的，应当按照应急预案及时、妥善处理，并立即向所在地邮政管理部门报告。

条文主旨

本条是关于经营快递业务的企业建立安全生产责任制和应对突发事件的规定。本条规定对于保障快递业的生产安全，有效应对快递业突发事件具有重要作用。

本条包括以下内容：首先，经营快递业务的企业应当依法建立健全安全生产责任制，落实企业安全生产主体责任，明确岗位责任和责任追究。其次，经营快递业务的企业应当建立突发事件应对机制，即依法制定突发事件应急预案，定期开展突发事件应急演练；发生突发事件的，应当按照应急预案及时、妥善处理，并立即向突发事件发生地的邮政管理部门报告。

安全生产责任制是保障快递业生产安全的基础制度，有效的突发事件应对机制可以减轻或者消除突发事件带来的危害，本条根据有关法律对此作了衔接性、补充性的规定。

释　义

一、企业应当依法建立健全安全生产责任制

安全生产是关系人民生命财产安全的大事，是经济社会协调健康发展的标志，持续抓好安全生产，是党和政府对人民利益高度负责的体现。党中央、国务院历来高度重视安全生产工作。《中共中央　国务院关于推进安全生产领域改革发展的意见》（中发〔2016〕32 号）明确了安全生产领域改革发展的主要方向和时间表路线图，是当前和今后一个时期指导我国安全生产工作的行动纲

领。2014 年修改的《中华人民共和国安全生产法》从法律层面对安全生产作了制度安排。

安全生产责任制是我国安全生产法律制度中的一项重要制度。安全生产责任制，是根据“安全第一、预防为主、综合治理”的方针和安全生产法律法规建立的，是企业岗位责任制的重要组成部分，是企业最基本的一项安全制度，也是企业安全生产、劳动保护管理制度的核心。根据“管生产必须管安全”的原则，安全生产责任制综合了各种安全生产管理、安全生产操作制度。企业的各级负责人、职能部门、工程技术人员、岗位操作人员在劳动生产过程中应当对安全生产层层负责。

快递业是劳动密集型产业，经营快递业务的企业拥有大量的设施、设备，安全生产显得尤为重要。本条第一款规定：“经营快递业务的企业应当依法建立健全安全生产责任制，确保快递服务安全。”国家有关部门对快递业安全生产也作过规定。原中央综治办、公安部、国家安全部、国家邮政局等 9 部门联合印发的《关于加强邮件、快件寄递安全管理工作的若干意见》（中综办〔2014〕24 号）明确指出：“寄递企业要树立安全与发展并重理念，强化内部管理和自查自纠，建立健全各项安全检查制度，层层落实收寄、分拣、运输、投递等各环节安全检查责任和措施，建立隐患排查、登记、报告、整改、销号闭环管理制度，实施全员、全过程、全方位的安全防范和隐患排查治理。要督促寄递企业设置安全保障机构，配备专职安全员，规模较大企业配备注册安全工程师，并将安全保障机构设置和安全人员配备情况报邮政管理部门备案。”

依照《中华人民共和国安全生产法》以及本条第一款的规定，经营快递业务的企业应当建立健全安全生产责任制，夯实企业及有关人员主体责任。安全生产责任制应当纵向到底、横向到边，形成全覆盖机制，做到人人有责、各司其责。安全生产责任制应当做到“三定”，即定人员、定岗位、定安全责任。根据岗位的实际情况，确定相应的人员，明确相应的岗位和相应的安全生产责任，做到“一岗双责”。安全生产责任制主要包括以下五个方面：一是企业各级负责人和管理人员在保证完成经营任务的同时，必须对安全生产负责；二是企业各职能部门在自身的业务和职责范围内对有关安全生产工作负责；三是企业基层管理者、特种作业人员对其岗位的安全生产负责；四是企业从业人员对本职工作岗位范围内的安全生产负责；五是企业内部各类安全生产责任制考核标准、奖惩办法。安全生产责任制应当内容全面、权责清晰、操作方便，各岗位责任人的责任和考核标准应当清晰明确、一目了然。工作岗位变动的，企业要对安全生产责任制进行相应修改，以满足实际需要。企业还要建立完善的监督、考核、评价及奖惩机制，以保证安全生产责任制的落实。

二、企业应当依法应对突发事件

（一）快递业突发事件的界定

《中华人民共和国突发事件应对法》第三条第一款规定："本法所称突发事件，是指突然发生，造成或者可能造成严重社会危害，需要采取应急处置措施予以应对的自然灾害、事故灾难、公共卫生事件和社会安全事件。"突发事件包含以下核心要素：一是突发事件具有突发性和处置上的紧迫性；二是突发事件具有公共危害性或者社会破坏性；三是突发事件必须借助公权力的介入或者动用社会人力、物力资源才能解决。

快递渠道通联千家万户，快递从业人员人数众多，如果有禁限寄物品流入，容易危害公共安全。此外，自然灾害、重大交通事故、重大经济纠纷等情况也会给快递安全带来严重影响。这些就构成了快递业突发事件。

根据国家有关规定，与快递业有关的突发事件主要表现为，造成或者可能造成人员伤亡，大量快件积压、丢失、损毁，其他财产损失，信息系统瘫痪，企业生产经营中断或者快递服务阻断。事件肇因一般为：一是气象灾害、地震灾害、地质灾害、生物灾害和森林草原火灾等自然灾害；二是各类有毒害性化学品泄漏、环境污染和生态破坏等事故灾难；三是传染病疫情、群体性不明原因疾病、食品安全事件、职业危害和动物疫情等公共卫生事件；四是恐怖袭击事件、民族宗教事件、经济安全事件、涉外突发事件和群体性事件；五是企业不正当竞争、经营权纠纷、兼并重组、破产倒闭、服务网络异常等行业安全风险，以及火灾等生产安全事故、设施和设备故障、交通运输事故等。

（二）经营快递业务的企业应当履行的突发事件应对义务

为预防和减少突发事件的发生，控制、减轻和消除突发事件引起的严重社会危害，规范突发事件应对活动，本条第二款规定了经营快递业务的企业依法应对突发事件的有关义务。主要有：

1. 依法制定突发事件应急预案，定期开展应急演练。为有效应对突发事件，经营快递业务的企业应当按照国家邮政局的规定，制定突发事件应急预案和专项预案，根据情势变化适时修订更新，并及时向邮政管理部门备案。企业应当定期开展应急演练，以提高应对突发事件的能力，满足突发事件预防与处置工作的需要，确保突发事件发生时，能够及时采取有效措施，将影响和损失降到最低，还应当加强应急队伍建设和物资、技术、经费保障。

2. 突发事件应急处置义务。突发事件发生后，经营快递业务的企业应当及时启动应急预案进行处理，以控制事态。企业应当积极组织协调其内部有关部门，安排应急所需的人员与物资。处置突发事件应当首先抢救伤员，做好人员的疏散和安置工作，稳定现场人员情绪，保护人身安全。同时迅速控制和切断突发事件源头，防止损失扩大和次生灾害的发生，努力把损失降到最低限度。需要公安、交通运输、消防、医疗卫生等部门处理的，应当尽快报告有关部门，并为其工作提供便利。做好工作记录，保存与突发事件有关的原始资料和凭证，并及时上报工作进展情况。做好调查和善后工作，尽快恢复正常秩序。在做好本单位应急救援工作的同时，还必须履行相应的社会责任，配合当地政府、邮政管理部门以及有关部门采取应急处置措施，提供物资、车辆、场地、相关设备以及人员等应急支持。

3. 突发事件报告义务。发生突发事件造成下列情形之一的，经营快递业务的企业应当在 1 小时内向突发事件发生地的省级以下邮政管理机构和负有相关职责的公安、国家安全、应急管理等部门报告：一是本企业人员死亡或者失踪 1 人以上，或者重伤 3 人以上的；二是快件 1 次丢失、损毁 100 件以上或者积压 1000 件以上的；三是寄递过程中有爆炸物、生物病原体、生物毒素、危险化学品、放射性物品等发生爆炸、泄漏的；四是快件分拣处理场地内发生重大事故，生产中断的；五是其他可能严重影响寄递渠道畅通的情形。

有下列情形之一的，经营快递业务的企业应当在 3 日内向邮政管理部门报告相关情况：一是企业及其分支机构因面临高额债务追偿或者因投资、经营不善导致无法履行对其他主体的债务，可能影响正常开展快递服务的；二是企业及其分支机构因经济纠纷或者违法行为被有关机关查封运营设备、设施或者冻结资产的；三是企业分立、合并、投资融资、变更终止协议等，可能影响正常开展快递服务的；四是企业及其从业人员因私自开拆、隐匿、毁弃快件被司法机关立案调查的；五是其他可能影响寄递渠道畅通的情形。

报告突发事件信息，应当包括下列内容：一是报告单位的名称、地址及联系人、联系方式等基本情况；二是信息来源以及事件发生时间、地点、起因、性质和基本过程；三是已经造成或者可能造成的伤亡人数（包括失踪、涉险的人数）、快件的损失情况、生产经营中断或者寄递服务阻断情况以及初步估计的直接经济损失；四是已经采取的措施和可能发展的趋势；五是其他应当报告的情况。

需要注意的是，经营快递业务的企业负有安全生产主体责任。企业可以多种经营，快递业务只是其业务之一。邮政管理部门对业内企业实施安全管理，要注意把握职责边界，紧扣“快递”开展工作。超出“快递”的监管工作和应急处置，邮政管理部门不宜主动介入，而是按有关要求做好必要的配合工作。

第六章 监督检查

本章以推进“放管服”改革、创新监督管理方式为基本遵循，对快递业的监督检查作出规定。包括监督检查职责与重点、日常监督检查、监督检查措施与企业协助义务、举报与处理等条款。

第三十六条 **邮政管理部门应当加强对快递业的监督检查。监督检查应当以下列事项为重点：**

（一）从事快递活动的企业是否依法取得快递业务经营许可；

（二）经营快递业务的企业的安全管理制度是否健全并有效实施；

（三）经营快递业务的企业是否妥善处理用户的投诉、保护用户合法权益。

条文主旨

本条是关于邮政管理部门对快递业监督检查职责和

监督检查重点事项的规定。本条规定对于促进快递业健康发展，保障快递安全，维护快递市场秩序，保护快递用户合法权益具有重要作用，也是落实本条例立法目的所必需的制度措施。

本条包括以下内容：首先，重申了邮政管理部门的相关法定职责，即依照《中华人民共和国邮政法》和本条例的规定，加强对快递业的监督检查。其次，邮政管理部门对快递业监督检查应当以快递业务经营许可管理、快递安全管理、用户权益保护为重点。

我国快递业在快速发展的同时，也存在一些不容忽视的问题，主要是企业安全管理基础薄弱、快递市场秩序不够规范、损害用户合法权益等。同时，“放管服”改革也要求邮政管理部门明确职责边界，突出执法重点。本条对此作了相应规定。

释　义

一、邮政管理部门应当加强对快递业的监督检查

（一）邮政管理部门负有监督检查快递业的法定职责

随着我国邮政体制改革的深化，快递市场呈现出主体多样、形式多变、利益多元的特征。为切实维护快递

市场秩序，鼓励公平竞争，必须依法加强对快递业的监督管理。《中华人民共和国邮政法》规定了邮政管理部门对邮政市场实施监督管理的职责，强调应当遵循公开、公平、公正以及鼓励竞争、促进发展的原则。国务院办公厅印发的《国家邮政局主要职责内设机构和人员编制规定》（国办发〔2009〕21号）明确，邮政管理部门负责快递等邮政业务的市场准入，依法监管邮政市场；负责邮政行业安全生产监管，负责邮政行业运行安全的监测、预警和应急管理，保障邮政通信与信息安全；依法监督邮政行业服务质量。据此，对快递业依法开展监督检查，是邮政管理部门的重要职责。

（二）加强对快递业的监督检查，是邮政管理部门积极转变政府职能、深化“放管服”改革的必然要求

简政放权、放管结合、优化服务，是全面深化改革的“先手棋”、转变政府职能的“当头炮”。国务院强调，推进行政体制改革，转变政府职能，是全面深化改革、完善社会主义市场经济体制的重要内容，也是提高政府现代治理能力的关键举措，是政府的自身改革。几年来，国家邮政局大幅精简行政许可材料，简化审查工作流程，压缩审批办理时限，极大地释放了快递市场活

力。在优化事前监管的同时，加强事中事后监管，切实维护快递市场秩序和消费者合法权益。依法对快递业实施监督检查，把该管的真正管起来，做到不缺位、不越位、不错位，是贯彻落实“放管服”改革部署的具体实践。邮政体制改革以来，尤其是2012年市（地）一级邮政管理局成立后，各级邮政管理部门加大了对快递业的监督检查力度，在构建部门协同监督机制、实施“双随机”抽查、规范重点事项检查流程等方面取得了明显进展。本条将行政执法实践中的经验做法上升为行政法规的规定，重申了邮政管理部门的监督检查职责，为加强快递业依法治理奠定了制度基础。

（三）加强对快递业的监督检查，是快递业健康发展的重要保障

促进快递业持续健康发展，有利于进一步搞活流通、扩大内需、促进就业，有利于服务“大众创业、万众创新”，拉动新兴业态发展，有利于更好地服务生产、普惠民生。但快递业在迅速发展的同时，也暴露出一些问题，如市场经营秩序不够规范、快递安全形势复杂严峻、损害用户合法权益等，影响快递业健康发展。面对违法违规行为和业内出现的新情况新问题，亟待充分发挥法治

的引领和规范作用，通过行业管理部门依法开展监督检查，维护快递市场秩序，保障快递安全，保护用户合法权益，为快递业持续健康发展保驾护航。

二、邮政管理部门对快递业监督检查的重点事项

（一）本条规定的重点事项关乎快递业发展的根本

快递业务经营许可制度是我国快递业的基本制度，也是建立和维护市场秩序的有效手段。《中华人民共和国邮政法》修订施行之前，民营快递长期未能得到法律明确认可。快递业务经营许可制度的确立是民营快递得以合法进入市场的标志，是快递市场繁荣发展的基础。快递业属于新兴产业，快递市场的自发调节机制不够健全，单纯依靠市场调节或者行业自律不能有效解决快递市场存在的不规范问题，不能有效防范快递渠道的安全隐患。在简政放权的大背景下，快递业务经营许可制度得以保留，体现了其必要性和重要性。

安全是快递业发展的基石。快递服务直接涉及国家安全、社会公共安全和人民生命财产安全。一方面，快递服务与人民群众生产生活和经济社会发展的关系日益紧密，业务量收持续高位增长，企业长时间处于高负荷运转，所带来的物流、资金流、信息流聚变，容易引发

系统性、全局性问题。一些企业安全意识淡薄，侥幸心理严重，安全投入不足，培训力度不够，收寄验视把关不严，实名收寄执行不力，过机安检流于形式，安全隐患较多。另一方面，快递渠道与国家安全、公共安全紧密关联，不法分子可能利用快递渠道从事传递非法出版物、枪支弹药、毒品等违法犯罪活动，对国家安全、公共安全构成威胁。传统与非传统安全因素交织，给快递安全带来新的冲击，监督管理压力不断加大。

服务质量是服务性企业的立业之本，是企业竞争力的重要来源，是衡量与评价经营快递业务的企业的关键因素。确保服务质量是快递业的法定义务，《中华人民共和国邮政法》明确规定，要为用户提供迅速、准确、安全、方便的服务。随着快递品牌大步迈入资本市场，产业集中度有所提高，转型升级和提质增效步伐逐渐加快，通过快递服务满意度调查、重点地区快递服务时限测试、快递业消费者申诉数据监测可以发现，快递服务水平稳步提升，我国正在从快递大国向快递强国迈进。但是我们仍应清醒地认识到，快件延误、野蛮操作、丢失损毁和末端投递服务不规范等依然是用户反映较多的问题，相关投诉申诉比较集中，快递服务水平离广大用户的期待还存在一定差距。提升服务质量是快递业转型升级、长远发展的根本所在。坚持以人民为中心的思想，加强服务质量监管，必须常抓不懈。

（二）本条规定的监督检查重点事项是法定监管内容

本条例对快递经营许可管理（第十七条）、快递安全管理（第二十二条、第三十条至第三十五条等）、用户权益保护（第二十一条、第二十四条至第二十九条等）都作了明确规定。这些条款是当前及今后邮政管理部门对快递业实施监督检查的重点事项。

根据国务院关于推进“放管服”改革的部署，国家邮政局积极开展邮政行政管理领域的权责清单和市场准入负面清单的研究、梳理和编制工作，贯彻权责法定、简政放权、便民高效、公开透明、动态管理等原则。2016 年 12 月，国家邮政局对《中华人民共和国邮政法》以及《快递市场管理办法》《邮政行业安全监督管理办法》《快递业务经营许可管理办法》等部门规章所规定的企业义务进行了全面梳理，形成《国家邮政局随机抽查事项清单》，向社会公布。省（区、市）和市（地）邮政管理局在《国家邮政局随机抽查事项清单》的基础上，补充了邮政地方性法规、地方政府规章明确的监督检查内容，作为日常监督检查工作的依据。

（三）突出重点有利于有效开展监督检查工作

之所以要抓重点，是因为在复杂的事物发展过程中，有许多矛盾存在，其中必有一种是主要矛盾，由于其存在和发展，决定或者影响着其他矛盾的存在和发展。抓住了主要矛盾，其他一切问题就迎刃而解。加强对快递业的监督检查，也要善于抓住重点、解决关键问题。2014 年至 2015 年，行业安全监管类行政处罚案件数量占邮政市场案件总数的 52% 左右，2016 年为 60.53%，到 2017 年这一比例上升至 72.08%。由此可见，安全问题是邮政管理部门监督检查的重点。牢牢抓住快递安全，才能在确保快递业平稳运行的基础上，推动行业转型升级和健康发展。

除安全外，快递市场秩序和服务质量也是邮政管理部门监督管理的重要内容。在历年行政执法数据中，快递业务经营许可类案件和快递服务质量监管类案件占比仅次于安全监管类案件，构成快递市场行政执法的主要类别。由此可见，统筹抓好行业安全、许可管理和服务质量，才能全面促进快递业健康发展。

第三十七条　邮政管理部门应当建立和完善以随机抽查为重点的日常监督检查制度，公布抽查事项目录，明确抽查的依据、频次、方式、内容和程序，随机抽取被检查企业，随机选派检查人员。抽查情况和查处结果应当及时向社会公布。

邮政管理部门应当充分利用计算机网络等先进技术手段，加强对快递业务活动的日常监督检查，提高快递业管理水平。

条文主旨

本条是关于邮政管理部门“双随机”检查和运用技术手段实施监督检查的规定。推行以随机抽查为重点的日常监督检查，对于创新政府部门管理方式，规范快递市场执法行为，营造公平竞争的发展环境，促进快递业健康发展具有重要作用。运用计算机网络手段实施监督检查，推行“互联网+监管”，有利于提高邮政管理部门对快递业实施监督管理的能力和水平。

本条包括以下内容：首先，邮政管理部门的日常监督检查应当以随机抽查为主要方式，抽查情况和查处结果应当及时公布。其次，邮政管理部门提升快递业监督管理能力和水平，需要依托计算机网络等先进技术手段。

我国正在大力推动以“放管服”改革为重点的行政体制改革，“双随机”机制是转变政府职能、创新政府管理方式的重要抓手。同时，信息技术、网络技术已经深入快递业的各个方面，政府实施监督管理有必要依托计算机网络等先进技术手段。本条对此作了相应规定。

释 义

一、邮政管理部门应当建立和完善以随机抽查为重点的日常监督检查制度

(一) 随机抽查制度的主要内容

推广随机抽查，规范事中事后监管，是政府职能转变的重要内容，是加强放管结合的重要举措，目的是实行阳光执法、文明执法，促进市场主体自觉守法，营造公平竞争的发展环境，推动大众创业、万众创新。当前一些领域存在的检查任性、选择执法、人情监管、执法扰民等问题，已经成为影响创业创新的“痛点”“堵点”。国务院对推广随机抽查、规范市场监管高度重视，强调

不仅要取消和下放权力，还要改善和加强政府管理，切实把市场管住、管好，使市场和社会既充满活力又规范有序，促进经济持续健康发展和社会公平正义。《国务院办公厅关于推广随机抽查规范事中事后监管的通知》（国办发〔2015〕58号）中明确提出，在事中事后监管领域建立健全随机抽查机制。其主要内容概括起来就是“列清单”“双随机”“适度查”“用结果”。随机抽查制度的核心是建立健全市场主体名录库和执法检查人员名录库，制定随机抽查事项清单，通过随机抽取检查对象、随机选派执法检查人员的“双随机”抽查机制，严格限制监管部门任性执法。所有检查事项，都要于法有据；法律法规规章没有规定的，一律不得擅自开展检查；法律法规规章规定的检查事项，要大力推广随机抽查，不断提高随机抽查在检查工作中的比重；抽查的依据、主体、内容、方式、过程、结果等，全部向社会公开。通过“双随机”机制，随机确定执法人员和被检查企业，在给执法人员戴上“紧箍咒”的同时，也让企业绷紧安全发展、规范运营的神经，增强企业的守法自觉性。根据各地区经济社会发展和监管领域实际情况，合理确定随机抽查的比例和频次，既可以保证必要的抽查覆盖面和工作力度，又能防止检查过多和执法扰民。加强对随机抽查结果的运用，对抽查发现的违法违规行为，依法依规加大惩处力度，有利于形成有效震慑，增强市场主体守法的自觉性。抽查情况及查处结果及时向社会公布，是邮政管理部门接受社会监督的重要方式。

（二）邮政管理部门实施“双随机”的具体要求

本条第一款肯定了《国务院办公厅关于推广随机抽查规范事中事后监管的通知》（国办发〔2015〕58 号）的工作要求，对邮政管理部门实施“双随机”作出具体规定，即公布抽查事项目录，明确抽查的依据、频次、方式、内容和程序，随机抽取被检查企业，随机选派检查人员。抽查情况和查处结果应当及时向社会公布。

国家邮政局印发的《邮政管理部门随机抽查工作细则（试行）》（国邮发〔2016〕123 号）对邮政管理部门随机抽查的适用范围、方法步骤、比例频次、结果利用和监督管理等作了实施性具体规定。该细则规定了“两库一单”的建立方式，要求各级邮政管理部门建立执法检查人员名录库，按照属地管理原则，依据邮政管理信息系统现有的企业（单位）及其分支机构等信息，建立本辖区市场主体名录库。邮政管理部门依照邮政业法律法规规章的规定，制定随机抽查事项清单，明确抽查依据、抽查主体、抽查内容和抽查方式等。邮政管理部门对随机抽查事项清单内的监督检查事项，应当采取随机抽查的方式，由本部门负责人在辖区市场主体名录库和执法检查人员名录库中随机抽取被检查对象和执法检查人员。该细则规定，省（区、市）邮政管理局和市（地）一级邮政管理局的随机抽查比例和频次由所在地省（区、市）邮政管理局确定，并报国家邮政局备案。该细则要求随机抽查产生的约谈告诫、责令整改和行政处罚信息，应当及时向社会公开，接受社会监督，相关信息可纳入信用信息，强化结果的利用。

国家邮政局制定并公布了《邮政管理部门随机抽查事项清单》，方便经营快递业务的企业和社会公众知晓邮政管理部门查什么、怎么查、查的结果是什么。贯彻随机抽查制度能够防止任性执法、随意执法，还可以加大对违法行为的威慑力度。“双随机”坚持公开透明的原则，对所有市场主体一视同仁，有利于其自我约束、自我管理、守法经营。因此，“双随机”对于快递业持续健康发展具有重要意义。

二、充分利用计算机网络等先进技术手段，加强对快递业的日常监督检查

（一）充分利用计算机网络是落实强化事中事后监管部署的有效方式

中共中央、国务院印发的《法治政府建设实施纲要（2015—2020年）》（中发〔2015〕36号）指出：加强行政执法信息化建设和信息共享，强化科技、装备在行政执法中的应用。《国务院办公厅关于推广随机抽查规范事中事后监管的通知》（国办发〔2015〕58号）提出，要抓紧建立统一的市场监管信息平台，加快政府部门之间、上下之间监管信息的互联互通，依托全国企业信用信息公示系统，整合形成统一的市场监管信息平台，及时公开监管信息，形成监管合力。全国推进简政放权放管结合职能转变工作电视电话会议强调，要积极运用大数据、云计算、物联网等信息化手段推进“智能”监管。基于此，推进“互联网+监管”新模式，是贯彻“放管服”改革部署、强化事中事后监管的必然要求。

（二）充分利用计算机网络是快递业信息化对监管工作提出的新要求

在新一轮科技革命推动下，快递服务高频化、泛在

化，促进了技术、资源、产业和市场的跨时空、跨领域融合，新业态、新模式、新主体不断涌现，颠覆了许多传统的快递服务模式和消费模式。经营快递业务的企业积极布局，深度应用大数据、物联网、“互联网+”、人工智能、云服务等前沿技术，探索全自动分拣、无人机配送、智能仓储、动态路径规划，加快与互联网深度融合，快递业正迈向智慧时代。数据已成为企业高度重视的资源，也是邮政管理部门推动产业发展、加强监督管理的重要抓手。如何弥补邮政管理部门监管力量的不足，依法有效监督企业合法获取、安全保护、合理使用数据信息，引导上下游企业共享快递物流数据资源，构建健康有序、科学高效的快递业数据生态圈，是邮政管理部门面临的现实考验。

对此，本条第二款规定：“邮政管理部门应当充分利用计算机网络等先进技术手段，加强对快递业务活动的日常监督检查，提高快递业管理水平。”

第三十八条 邮政管理部门依法履行职责，有权采取《中华人民共和国邮政法》第六十一条规定的监督检查措施。邮政管理部门实施现场检查，有权查阅

经营快递业务的企业管理快递业务的电子数据。

国家安全机关、公安机关为维护国家安全和侦查犯罪活动的需要依法开展执法活动，经营快递业务的企业应当提供技术支持和协助。

《中华人民共和国邮政法》第十一条规定的处理场所，包括快件处理场地、设施、设备。

条文主旨

本条是关于邮政管理部门监督检查措施和经营快递业务的企业对国家安全机关、公安机关依法开展执法活动应当履行协助义务的规定。本条关于邮政管理部门监督检查措施的规定，是邮政管理部门依法对快递业实施监督管理所必需的保障措施；本条规定的企业对执法机关的协助义务，是维护国家安全和社会公共利益，落实《中华人民共和国国家安全法》有关规定的具体体现。

本条包括以下内容：首先，邮政管理部门依法履职有权采取《中华人民共和国邮政法》第六十一条所规定的现场检查、了解情况、查阅与复制文件、资料和凭证、查封涉案场所、扣押涉案物品和开拆涉案快件等监督检查措施。邮政管理部门实施现场检查，有权查阅企业管理快递业务的电子数据。其次，国家安全机关、公安机关基于维护国家安全和侦查犯罪活动的需要，依法开展执法活动，经营快递业务的企业应当提供技术支持和协助，配合检查、扣留快件，提供快递服务用户信息和其他数据、资料。最后，快件处理场地、设施、设备的设计和建设应当符合国家安全机关和海关依法履行职责的要求。

根据实践中出现的新情况、新问题，本条对邮政管理部门监督检查措施和经营快递业务的企业应当承担的协助义务作了具体规定。

释 义

一、邮政管理部门有权采取的监督检查措施

（一）采取《中华人民共和国邮政法》第六十一条规定的措施

依照《中华人民共和国邮政法》第四条、本条例第五条的规定，邮政管理部门依法对快递业实施监督管理。快递业经营主体、快递服务能力和水平以及经营快递业务等行为，均是邮政管理部门监督管理的内容。依照本条第一款的规定，邮政管理部门对快递业实施监督管理

时，有权采取《中华人民共和国邮政法》第六十一条规定的措施。主要有：进入经营快递业务的企业或者涉嫌发生违反本条例活动的其他场所实施现场检查，向有关单位和人员了解情况，查阅、复制有关文件、资料、凭证，经邮政管理部门负责人批准，查封与违反本条例活动有关的场所，扣押用于违反本条例活动的运输工具以及相关物品，开拆检查信件以外的涉嫌夹带禁限寄物品的快件。这里的“场所”，既包括经营快递业务的企业的办公场所、快递营业场所、快件处理场所、快递末端网点等各类与快递服务活动有关的场所，也包括涉嫌发生违反本条例活动的其他场所，如未取得快递业务经营许可从事快递经营活动的场所。这里的“有关单位和个人”，包括经营快递业务的企业及其从业人员，以及与监督检查事项有关、了解相关情况的其他单位和个人。这里的“文件、资料、凭证”，包括快递运单、快递加盟协议、用户安全协议、财务会计报表、注册会计师出具的审计报告以及其他有关经营的信息，载体形式包括纸质与电子介质。结合《邮政行政处罚程序规定》（国邮发〔2013〕32 号）的具体要求，采取查封、扣押与开拆措施，应当经邮政管理部门主要负责人批准，其中采取查封、扣押措施的，还应当向行政行为相对人告知申请行政复议、提起行政诉讼的权利。

（二）实施现场检查有权查阅快递业务电子数据

随着互联网技术的迅速发展，电子数据越来越多，在社会生产、生活中的作用越来越大。电子数据在快递服务、经营管理活动中同样发挥着重要作用。本条第一款将查阅电子数据作为快递业监督管理的内容之一，主要基于以下考虑：第一，经营快递业务的企业在经营过程中的数据属于监督管理的重点，有的信息对用户的合法权益有直接影响，如经营快递业务的企业对外的服务公告、服务承诺等；有的信息对快递安全有重要意义，如快递营业场所、快件处理场所的监控信息、用户身份信息、寄递物品信息等；有的信息则决定了政府部门是否要实施行政干预，如特殊时期、特殊地区的快递作业情况。此外，经营快递业务的企业的业务量、业务收入等数据对政府部门研判快递业发展趋势有重要作用。立足于快递业监督管理工作需要，有必要将查阅电子数据明确为监督管理的内容之一。第二，《中华人民共和国行政诉讼法》将电子数据列为证据种类之一，邮政管理部门可以将电子数据作为行政执法的重要证据。

本条第一款规定的“经营快递业务的企业管理快递业务的电子数据”，主要是经营快递业务的企业提供的，在快递服务过程中以数字化形式存储、处理、传输用于管理快递业务的数据。例如，企业管理快递业务的电子文档、图片、音视频、计算机程序等电子文件，企业网站等网络平台发布的信息等。“查阅”相关信息，是要求邮政管理部门对企业的原始海量信息数据，利用相关工具查阅并进行甄别，确认与行政执法工作相关的数据信息。由于经营快递业务的企业管理快递业务的电子数据涉及企业的商业秘密和用户信息，邮政管理部门获取的电子数据，只能用于履行监督管理职责，不得用于其他用途。对通过查阅电子数据知悉的商业秘密，邮政管理部门应当保密。与履行监督管理职责无关的电子数据，邮政管理部门获取后必须及时销毁。

二、国家安全机关、公安机关依法开展执法活动，经营快递业务的企业应当提供技术支持和协助

本条第二款规定：“国家安全机关、公安机关为维护国家安全和侦查犯罪活动的需要，依法开展执法活动，经营快递业务的企业应当提供技术支持和协助。”这是经营快递业务的企业应当履行的法定协助义务，不得以任何理由拒绝履行。有关法律对此有相应规定，例如，《中华人民共和国国家安全法》第七十七条规定，公民和组织应当“为国家安全工作提供便利条件或者其他协助；向国家安全机关、公安机关和有关军事机关提供必要的支持和协助”。《中华人民共和国反恐怖主义法》第九条规定，“任何单位和个人都有协助、配合有关部门开展反恐怖主义工作的义务”。《中华人民共和国反间谍法》第二十条第一款规定，“公民和组织应当为反间谍工作提供便利或者其他协助”。《中华人民共和国国家情报法》第七条规定，“任何组织和公民都应当依法支持、协助和配合国家情报工作”。还有，依照《中华人民共和国刑事诉讼法》第四条、第五十二条的规定，国家安全机关、公安机关有权向有关单位和个人收集、调取证据。有关单位和个人应当如实提供证据。本条第二款即是有关法律规定在本条例中的承接和贯彻，是对经营快递业务的企业提出的强制性要求。

需要注意的是，国家安全机关、公安机关依法开展执法活动，经营快递业务的企业提供的技术支持和协助，既包括按照国家安全机关、公安机关的要求协助检查、扣留有关快件；也包括按照国家安全机关、公安机关的要求提供快递服务用户信息和其他有关数据、资料；还包括配合国家安全机关、公安机关开展技术侦查、情报收集。经营快递业务的企业拒绝履行法定协助义务的，承担相应法律责任。例如，《中华人民共和国反恐怖主义法》第九十一条规定："拒不配合有关部门开展反恐怖主义安全防范、情报信息、调查、应对处置工作的，由主管部门处二千元以下罚款；造成严重后果的，处五日以上十五日以下拘留，可以并处一万元以下罚款。单位有前款规定行为的，由主管部门处五万元以下罚款；造成严重后果的，处十万元以下罚款；并对其直接负责的主管人员和其他直接责任人员依照前款规定处罚。"

三、快件处理场所包括快件处理场地、设施、设备

依照《中华人民共和国邮政法》第十一条、第五十九条的规定，快件处理场所的设计和建设，应当符合国家安全机关和海关依法履行职责的要求。根据实践中出现的新情况，本条第三款对"快递处理场所"进行了界定，包括快件处理场地、设施、设备。快件处理场地，一般是经营快递业务的企业专门用于快件分拣、封发、储存、交换、转运、投递等处理活动的建筑物或者作业区域。快件处理设施、设备，包括快件分拣、封发、储存、交换、转运、投递等处理活动中使用的系统或者装置，如快件寄递信息系统、末端服务设施、快件安全检查设备等。

依照《中华人民共和国邮政法》第十一条、本条第三款的规定，经营快递业务的企业应当及时与国家安全机关、海关沟通，在设计快件处理场所时，按照国家安全机关和海关的具体要求，将其履行职责所必需的场地、设施、设备纳入设计方案中，并在建设、安装中严格按照设计方案施工，确保相关场地、设施、设备等与主体工程同步施工、配套安装，如期交付使用。

本条第三款明确的“快件处理场所”的内涵，适用于本条例以及邮政业法规、规章、规范性文件、强制性标准等关于“快件处理场所”的规定。

第三十九条　邮政管理部门应当向社会公布本部门的联系方式，方便公众举报违法行为。

邮政管理部门接到举报的，应当及时依法调查处理，并为举报人保密。对实名举报的，邮政管理部门应当将处理结果告知举报人。

条文主旨

本条是关于快递业违法行为举报与处理的规定。本条规定对于充分调动社会各方面的力量，及时发现违法行为的线索，有效预防和制止违法行为，保障本条例规定得到落实具有重要作用。

本条包括以下内容：邮政管理部门应当公布联系方式，提供方便条件，依法受理社会公众对快递业违法行为的举报；邮政管理部门接到公众举报的，应当及时依照法律、法规、规章、规范性文件和党内法规的规定进行调查处理，并为举报人保密，还应当将处理结果告知实名举报人。

《中华人民共和国邮政法》第六十六条规定："任何单位和个人对违反本法规定的行为，有权向邮政管理部门举报。邮政管理部门接到举报后，应当及时依法处理。"根据上述规定，本条对快递业违法行为举报与处理作了补充规定。

释　义

一、邮政管理部门应当依法接收对快递业违法行为的举报

根据本条第一款的规定，邮政管理部门应当建立健

全举报制度，接受社会监督，及时了解、掌握快递业存在的违法行为。邮政管理部门应当拓宽监督渠道，创造条件让人民群众监督，为公众行使监督权提供便利。例如，公布本部门的联系方式，包括公开通信地址、联系电话、传真、电子邮件地址、网站网址等，接待公众来访，接收群众举报违法行为的来信、电话、电子邮件等。

二、邮政管理部门应当及时调查处理社会举报

举报能否得到妥善处理，直接关系着群众的获得感和政府部门的公信力。依照本条第二款的规定，邮政管理部门对举报的事项，应当认真调查、核实，及时依法作出处理，并通过发现问题、解决问题、反馈意见等措施，纠正违法行为。邮政管理部门还应当为举报人保密。保密的事项应当包括举报事项、举报受理情况以及与举报人相关的信息等，防止发生打击报复举报人的情况。

三、邮政管理部门应当将举报处理结果告知实名举报人

依照本条第二款的规定，邮政管理部门应当将本机关对被举报行为的处理结果告知实名举报人。实名举报，一般表现为举报人使用自己的真实姓名，通过来信、来访、电话、电子邮件等形式，检举、控告违法行为。需要告知实名举报人的处理结果有：第一，不符合邮政行政处罚立案条件的，依照《邮政行政处罚程序规定》第十七条第三款的规定，书面告知实名举报人不予立案。第二，符合邮政行政处罚立案条件，邮政管理部门立案后，对被举报的违法行为依法作出行政处罚决定的，应当主动公开邮政行政处罚结果，并将已公开的处罚结果书面告知实名举报人。第三，邮政管理部门对被举报的行为依照《邮政行政处罚程序规定》立案后，决定不予行政处罚、决定终止调查、案件移送有管辖权的部门、案件移送司法机关的，应当将该结果书面告知实名举报人。第四，对邮政管理部门及其工作人员的实名举报，依照纪检、监察、巡视巡察等程序办理，如有关规定明确要求应当告知处理结果的，则将被举报行为的处理结果告知实名举报人。

涉及国家秘密的政府信息、处理结果产生前的过程性信息，不属于邮政管理部门向实名举报人告知的范围。公民、法人和其他组织向邮政管理部门提出的行政复议申请、政府信息公开申请、消费者申诉、信访、咨询等，适用相关法定程序办理，不适用本条关于举报的规定。对不属于本条例适用范围的行为，也不适用本条关于举报的规定。

第七章 法律责任

本章是关于违反本条例应当承担法律责任的内容，针对违反本条例义务性规定的违法行为，明确了应当承担的法律责任。包括：违反经营主体管理规定责任、违反快递加盟管理规定责任、妨害快件安全责任、违反寄递渠道安全管理规定责任、违反用户信息保护规定责任、危害国家安全责任、管理部门工作人员责任、刑事责任和民事责任等条款。

第四十条 **未取得快递业务经营许可从事快递活动的，由邮政管理部门依照《中华人民共和国邮政法》的规定予以处罚。**

经营快递业务的企业或者其分支机构有下列行为之一的，由邮政管理部门责令改正，可以处1万元以下的罚款；情节严重的，处1万元以上5万元以下的罚款，并可以责令停业整顿：

（一）开办快递末端网点未向所在地邮政管理部门备案；

（二）停止经营快递业务，未提前10日向社会公告，未书面告知邮政管理部门并交回快递业务经营许可证，或者未依法妥善处理尚未投递的快件；

（三）因不可抗力或者其他特殊原因暂停快递服务，未及时向邮政管理部门报告并向社会公告暂停服务的原因和期限，或者未依法妥善处理尚未投递的快件。

条文主旨

本条是关于违反快递业务经营许可、快递末端网点备案、停止和暂停快递服务等制度的法律责任的规定。本条规定为加强快递业务经营许可管理和维护快递市场秩序提供了制度保障。

本条包括以下内容：首先，未取得快递业务经营许可从事快递活动的，由邮政管理部门依照《中华人民共和国邮政法》第七十二条的规定责令改正，给予没收违法所得、罚款的处罚。其次，经营快递业务的企业或者其分支机构违反快递末端网点备案、停止经营快递业务、暂停快递服务管理规定的，由邮政管理部门责令改正，可以给予罚款、责令停业整顿的处罚。

释 义

一、违法经营快递业务的法律责任

快递业务经营行为直接关系到用户合法权益，涉及国家安全和社会稳定，需要依法加强监督管理。《中华人民共和国邮政法》第五十一条第一款规定："经营快递业务，应当依照本法规定取得快递业务经营许可；未经许可，任何单位和个人不得经营快递业务。"本条例在快递市场准入方面，没有设定新的许可，只是通过本条例第十七条重申了《中华人民共和国邮政法》的制度安排，强调经营快递业务应当依法取得快递业务经营许可。

考虑到《中华人民共和国邮政法》已对未取得快递业务经营许可从事快递活动的行为规定了明确的法律责任，因此，本条第一款与上位法作了衔接性规定，强调直接适用《中华人民共和国邮政法》规定的法律责任。《中华人民共和国邮政法》第七十二条规定，"未取得快递业务经营许可经营快递业务……由邮政管理部门或者工商行政管理部门责令改正，没收违法所得，并处五万元以上十万元以下的罚款；情节严重的，并处十万元以上二十万元以下的罚款”。该法律责任的承担主体是未取得快递业务经营许可的自然人、法人或者非法人组织。

二、违反备案制度、停止和暂停快递服务制度的法律责任

1. 责任主体。本条第二款规定的法律责任的承担主体是经营快递业务的企业或者其分支机构。经营快递业务的企业是已经依法取得快递业务经营许可的企业法人。

2. 违法行为。本条第二款规定的承担法律责任的违法行为包括：一是开办快递末端网点，未依照本条例第十八条的规定，自末端网点开办之日起20日内向所在地邮政管理部门备案。二是违反本条例第二十九条第一款的规定，停止经营快递业务未提前10日向社会公告，未书面告知邮政管理部门并交回快递业务经营许可证，或者未依法妥善处理尚未投递的快件。三是违反本条例第二十九条第二款的规定，因不可抗力或者其他特殊原因暂停快递服务，未及时向邮政管理部门报告并向社会公告暂停服务的原因和期限，或者未依法妥善处理尚未投递的快件。

3. 责任形式。本条规定的法律责任形式分为两个层面：一是一般情节的，由邮政管理部门责令改正，可以处1万元以下的罚款。责令改正不属于行政处罚措施，但具有重要作用。实践中，主要是由邮政管理部门口头或者书面要求经营快递业务的企业、企业分支机构停止和改正违法行为。责令改正违法行为是给予经营快递业务的企业或者分支机构改正错误、端正认识、消除影响的机会。在责令改正的同时，对一些屡教不改的企业，仅责令其改正不足以教育其自觉守法，邮政管理部门根据其违法情况，可以处1万元以下的罚款。这里规定的“可以处”罚款，与责令改正不是必须同时执行，而是授权邮政管理部门根据具体情况决定是否处以罚款。二是情节严重的，由邮政管理部门处1万元以上5万元以下的罚款，并可以责令停业整顿。这里规定的“处”罚款，则是必须处以罚款。“情节严重”一般表现为，违法行为形成一定规模、持续时间较长、造成严重后果、在行政处罚实施机关的辖区范围内产生较大社会影响等。同时，为及时、有效地消除违法状态，可以责令停业整顿。停业整顿一般针对情节特别严重的违法行为，仅靠罚款不足以达到教育目的，必须通过责令停业加重违法成本、形成法律震慑。具体到本条来说，可能导致停业整顿的违法情形较为复杂，比如，企业或者分支机构开办快递末端网点未依法向所在地邮政管理部门备案，且该末端网点发生重大安全事故的。责令停业整顿的具体内容可以是：责令企业法人、分支机构在一定期限内停止从事全部快递业务，并进行整顿；责令企业法人、分支机构在一定期限内停止从事快件分拣等部分业务，并进行整顿；责令企业法人关停特定的分支机构的快递业务经营活动，并对企业法人快递服务网络的其他区域进行整顿。企业法人或者分支机构被责令停业整顿的，应当依法妥善处理尚未投递的快件。

第四十一条　**两个以上经营快递业务的企业使用统一的商标、字号或者快递运单经营快递业务，未遵守共同的服务约定，在服务质量、安全保障、业务流程等方面未实行统一管理，或者未向用户提供统一的快件跟踪查询和投诉处理服务的，由邮政管理部门责令改正，处 1 万元以上 5 万元以下的罚款；情节严重的，处 5 万元以上 10 万元以下的罚款，并可以责令停业整顿。**

条文主旨

本条是违反快递加盟管理制度的法律责任的规定。本条规定明确了商标、字号或者快递运单所属企业的法律责任，为提高快递加盟管理水平和保护用户合法权益提供了法律保障。

本条包括以下内容：两个以上经营快递业务的企业使用统一的商标、字号或者快递运单以加盟或者其他合作形式经营快递业务，未按共同的服务约定实行统一管理，或者未提供统一查询和投诉处理服务的，由邮政管理部门责令改正，处以罚款；情节严重的，由邮政管理部门责令改正，处以罚款并可以责令停业整顿。

释　义

采用加盟等合作模式经营快递业务的企业较多，这些企业的业务量在全国快递业务量中占有较大比重。本条例第十九条明确了两个以上经营快递业务的企业使用统一的商标、字号或者快递运单经营快递业务的行为特征，强调了签订书面协议以及按共同服务约定实行统一管理、提供统一跟踪查询服务、提供统一投诉处理服务等行为规范。针对违反本条例第十九条第二款规定的行为，本条设定了法律责任。

一、责任主体

本条例第十九条、第四十一条突出强调了统一的行为特征、统一的管理内容、统一的服务要求，压实了商标、字号、快递运单所属企业的责任。基于此，法律责任的承担主体一般是统一的商标、字号或者快递运单所属的企业法人，即业内俗称的“总部企业”。这类总部企业设立的负责一定区域管理工作的分支机构，也可以成为法律责任的承担主体。

二、违法行为

本条规定的违法行为包括以下情形：一是未按共同的服务约定实行服务质量统一管理，二是未按共同的服务约定实行安全保障统一管理，三是未按共同的服务约定实行业务流程统一管理，四是未按共同的服务约定实行其他方面的统一管理，五是未向快递用户提供统一的快件跟踪查询服务，六是未向快递用户提供统一的投诉处理服务。

三、责任形式

法律责任的形式分为两个层面：一是一般情节的，

由邮政管理部门责令改正，处1万元以上5万元以下的罚款。为督促商标、字号、快递运单所属企业加强统一管理，防止损害快递用户的合法权益，一旦邮政管理部门发现企业存在本条规定的违法行为，就应当制止，责令其改正。考虑到这种违法行为的危害面较大，本条规定的罚款是“处”而不是“可以处”，即罚款与责令改正必须同时执行。二是情节严重的，由邮政管理部门处5万元以上10万元以下的罚款，并可以责令停业整顿。这里的“情节严重”，由邮政管理部门根据违法行为的程度、持续时间、社会影响、危害后果等因素综合考虑。这种情节下，除了实施罚款，还可以责令停业整顿，强制违法企业停止生产经营活动。违法企业应当在停业整顿期间积极整改，消除违法行为。违反本条规定可能导致停业整顿的违法情形往往是发生安全事故，造成严重危害后果的行为，比如，企业在安全保障方面未实行统一管理，导致加盟企业发生重大安全事故，造成人员伤亡或者重大财产损失等严重后果。

第四十二条 冒领、私自开拆、隐匿、毁弃、倒卖或者非法检查他人快件，尚不构成犯罪的，依

法给予治安管理处罚。

经营快递业务的企业有前款规定行为，或者非法扣留快件的，由邮政管理部门责令改正，没收违法所得，并处5万元以上10万元以下的罚款；情节严重的，并处10万元以上20万元以下的罚款，并可以责令停业整顿直至吊销其快递业务经营许可证。

条文主旨

本条是关于冒领、私自开拆、隐匿、毁弃、倒卖、非法检查、非法扣留他人快件法律责任的规定。本条规定为惩处妨害快件安全的行为提供了依据，有利于保护快件安全，维护用户合法权益。

本条包括以下内容：冒领、私自开拆、隐匿、毁弃、倒卖或者非法检查他人快件，尚不构成犯罪的，依照《中华人民共和国治安管理处罚法》有关规定，由公安机关给予罚款、行政拘留等治安管理处罚。经营快递业务的企业有前述违法行为，或者非法扣留快件的，由邮政管理部门责令改正，没收违法所得，并处罚款；情节严重的，由邮政管理部门责令改正，没收违法所得，处以罚款并可以责令停业整顿直至吊销其快递业务经营许可证。

释　义

公民的通信自由和通信秘密受法律保护，这是宪法赋予公民的权利。《中华人民共和国宪法》第四十条明确规定：“中华人民共和国公民的通信自由和通信秘密受法律的保护。除因国家安全或者追查刑事犯罪的需要，由公安机关或者检察机关依照法律规定的程序对通信进行检查外，任何组织或者个人不得以任何理由侵犯公民的通信自由和通信秘密。”《中华人民共和国邮政法》第三条对宪法的规定作了重申。同时，该法第七十一条明确规定针对快件的相关违法行为适用治安管理处罚。

一、责任主体

本条第一款治安管理处罚的责任主体为一般主体，任何单位和个人都可能成为本条第一款规定的违法行为主体，不限于经营快递业务的企业及其从业人员。本条第二款行政处罚的责任主体是特殊主体，实践中体现为经营快递业务的企业，包括企业依据《中华人民共和国公司法》的规定设立的分支机构。

二、违法行为

本条规定了6种针对他人快件的治安管理违法行为：

冒领、私自开拆、隐匿、毁弃、倒卖、非法检查。“冒领”是指假冒他人名义领取快件的行为。“私自开拆”是指违反法律以及国家有关规定，未经寄件人或者收件人同意，擅自开拆他人快件的行为。“隐匿”是指秘密隐藏他人交寄的快件，使收件人无法查收、寄件人无法查寻的行为。“毁弃”是指毁坏、毁损或者丢弃他人的快件，致使收件人无法查收、寄件人无法查寻的行为。“倒卖”是指没有法律、行政法规的授权，也未经寄件人或者收件人同意，将快件实物或者内件物品的实物非法转卖他人的行为。“非法检查”是指违反法律规定，擅自检查他人快件的行为，这里强调检查快件必须要依据法律，例如，国家安全机关、公安机关、检察机关、监察机关依据国家安全、刑事等方面的法律规定检查快件，邮政管理部门依照《中华人民共和国邮政法》的规定检查快件，海关依照出入境管理和检验检疫方面的法律规定检查快件。任何单位或者个人没有法律依据检查快件的，就属于“非法检查”。

《中华人民共和国治安管理处罚法》第十八条规定：“单位违反治安管理的，对其直接负责的主管人员和其他直接责任人员依照本法的规定处罚。其他法律、行政法规对同一行为规定给予单位处罚的，依照其规定处罚。”据此，经营快递业务的企业从业人员在执行工作任务期间冒领、私自开拆、隐匿、毁弃、倒卖、非法检查他人快件的，企业或者分支机构的相关主管人员、直接责任人员受治安管理处罚。企业、分支机构作为单位，还依照本条第二款的规定受邮政行政处罚。

经营快递业务的企业或者分支机构非法扣留快件的，依照本条第二款的规定受邮政行政处罚。“非法扣留”是指没有法律、行政法规的授权，故意将快件留置并阻止其继续寄递的行为。实践中，个别企业、分支机构以非法扣留快件的方式处理经济纠纷，严重影响快件的正常寄递，扰乱快递市场秩序，侵犯公民的通信自由。本条第二款有针对性地设定了行政处罚。

三、法律责任

冒领、私自开拆、隐匿、毁弃、倒卖、非法检查他人快件，构成犯罪的，依法承担刑事责任，涉及的刑事责任条款如《中华人民共和国刑法》第二百五十二条侵犯通信自由罪、第二百五十三条私自开拆、隐匿、毁弃邮件罪等。尚不构成犯罪的，依法给予治安管理处罚。本条没有具体列举治安管理处罚的种类和幅度，而是作了衔接性规定。《中华人民共和国治安管理处罚法》第四十八条规定："冒领、隐匿、毁弃、私自开拆或者非法检查他人邮件的，处五日以下拘留或者五百元以下罚款。"依照《中华人民共和国邮政法》第七十一条的规定，针对快件的有关违法行为，也适用治安管理处罚，即明确《中华人民共和国治安管理处罚法》第四十八条中的"邮件"包括快件。

经营快递业务的企业有本条规定的违法行为的，由邮政管理部门责令改正，没收违法所得，并处5万元以上10万元以下的罚款；情节严重的，并处10万元以上20万元以下的罚款，并可以责令停业整顿直至吊销其快递业务经营许可证。除责令企业或者分支机构改正违法行为以外，邮政管理部门视情节实施行政处罚。法律责任的形式分为两个层面：一是一般情节的，由邮政管理部门责令改正，没收违法所得，并处5万元以上10万元以下的罚款。"并处"要求邮政管理部门既要责令改正，没收违法所得，也要实施罚款。二是情节严重的，由邮政管理部门责令改正，没收违法所得，并处10万元以上20万元以下的罚款，并可以责令停业整顿直至吊销其快递业务经营许可证。据此，邮政管理部门应当一并实施没收违法所得和罚款的行政处罚，在此基础上，如果经营快递业务的企业或者分支机构冒领、私自开拆、隐匿、毁弃、倒卖、非法检查他人快件或者扣留快件，数量巨大，情节恶劣，造成严重的社会影响的，还可以责令企业或者分支机构停业整顿。如果企业的上述违法行为构成犯罪被追究刑事责任或者造成其他特别严重的危害后果的，也可以吊销企业的快递业务经营许可证。

需要注意的是，没收违法所得不扣除责任主体为冒领、私自开拆、隐匿、毁弃、倒卖、非法检查、非法扣留他人快件的预先投入，邮政管理部门应当没收该违法行为的全部收入。吊销快递业务经营许可证，其实施机关一般是颁发该许可证的邮政管理部门。

第四十三条 经营快递业务的企业有下列情形之一的，由邮政管理部门依照《中华人民共和国邮政法》、《中华人民共和国反恐怖主义法》的规定予以处罚：

（一）不建立或者不执行收寄验视制度；

（二）违反法律、行政法规以及国务院和国务院有关部门关于禁止寄递或者限制寄递物品的规定；

（三）收寄快件未查验寄件人身份并登记身份信

息，或者发现寄件人提供身份信息不实仍予收寄；

（四）未按照规定对快件进行安全检查。

寄件人在快件中夹带禁止寄递的物品，尚不构成犯罪的，依法给予治安管理处罚。

条文主旨

本条是关于经营快递业务的企业违反收寄验视制度、禁限寄制度、实名收寄制度、快件安全检查制度法律责任的规定。本条规定为落实快递渠道安全管理的基本制度提供了法律保障。

本条包括以下内容：首先，经营快递业务的企业违反收寄验视制度、禁限寄制度、实名收寄制度、快件安全检查制度的，依照《中华人民共和国邮政法》第七十五条、《中华人民共和国反恐怖主义法》第八十五条和第九十三条的规定，由邮政管理部门给予罚款、责令停业整顿直至吊销其快递业务经营许可证；并对经营快递业务的企业直接负责的主管人员和其他直接责任人员处以罚款。其次，寄件人在快件中夹带禁寄物品，尚不构成犯罪的，依照《中华人民共和国治安管理处罚法》第三十条等有关规定给予治安管理处罚。

释　义

一、责任主体

根据《中华人民共和国邮政法》第七十五条、《中华人民共和国反恐怖主义法》第八十五条和第九十三条的制度安排，本条规定的违法行为主体包括三类：一是经营快递业务的企业，二是经营快递业务的企业直接负责的主管人员和其他直接责任人员，三是寄件人，包括个人用户和单位用户直接负责的主管人员和其他直接责任人员。

经营快递业务的企业可能构成的违法行为有：一是不建立或者不执行收寄验视制度，二是违反法律、行政法规以及国务院和国务院有关部门关于禁限寄物品的规定，三是收寄快件未查验寄件人身份并登记身份信息，或者发现寄件人提供身份信息不实仍予收寄，四是未按照规定对快件进行安全检查。经营快递业务的企业有前述违法行为之一的，其直接负责的主管人员和其他直接责任人员同时承担法律责任。

寄件人可能构成的违法行为，主要是在快件中夹带禁寄物品。

二、违法行为

（一）经营快递业务的企业的违法行为

1. 不建立或者不执行收寄验视制度。收寄验视制度的上位法依据主要是《中华人民共和国邮政法》第二十五条和第五十九条关于收寄验视的原则规定。《中华人民共和国反恐怖主义法》第二十条原则重申了快递等物流运营单位对寄递物品进行开封验视的制度要求。本条例第三十一条第一款规定："经营快递业务的企业收寄快件，应当依照《中华人民共和国邮政法》的规定验视内件，并作出验视标识。寄件人拒绝验视的，经营快递业务的企业不得收寄。"据此，经营快递业务的企业不建立或者不执行收寄验视制度，是违反法律、行政法规规定的行为。

2. 违反法律、行政法规以及国务院和国务院有关部门关于禁限寄物品的规定。禁限寄制度的上位法依据主要是《中华人民共和国邮政法》第二十四条和第五十九条的原则规定。《中华人民共和国反恐怖主义法》第二十条也原则强调，快递等物流运营单位不得寄递存在重大安全隐患的禁寄物品。本条例第三十条第一款重申，"经营快递的企业收寄快件应当遵守《中华人民共和国邮政法》第二十四条关于禁止寄递或者限制寄递物品的规定”。据此，经营快递业务的企业收寄禁寄物品或者超出限制的限寄物品，是违反法律、行政法规规定的行为。

3. 收寄快件未查验寄件人身份并登记身份信息，或者发现寄件人提供身份信息不实仍予收寄。快件实名收寄制度的上位法依据主要是《中华人民共和国反恐怖主义法》第二十条关于快递等物流运营单位应当对客户身份进行查验，实行寄递客户身份信息登记制度的原则规定。本条例第二十二条第二款规定：“除信件和已签订安全协议用户交寄的快件外，经营快递业务的企业收寄快件，应当对寄件人身份进行查验，并登记身份信息，……寄件人拒绝提供身份信息或者提供身份信息不实的，经营快递业务的企业不得收寄。”据此，经营快递业务的企业收寄快件未查验寄件人身份并登记身份信息，以及发现寄件人提供身份信息不实仍予收寄，均属于违反法律、行政法规规定的行为。

4. 未按照规定对快件进行安全检查。快件安全检查制度的上位法依据主要是《中华人民共和国反恐怖主义法》第二十条关于快递等物流运营单位应当实行安全查验制度的原则规定。本条例第三十二条第一款规定：“经营快递业务的企业可以自行或者委托第三方企业对快件进行安全检查，并对经过安全检查的快件作出安全检查标识。经营快递业务的企业委托第三方企业对快件进行安全检查的，不免除委托方对快件安全承担的责任。”据此，经营快递业务的企业未按照规定对快件进行安全检查，是违反法律、行政法规规定的行为。

（二）寄件人的违法行为

本条规定的寄件人的违法行为主要是在快件中夹带禁寄物品。上位法依据主要是《中华人民共和国邮政法》第二十四条和第五十九条关于用户交寄快件应当遵守法律、行政法规以及国务院和国务院有关部门禁限寄物品规定的原则要求。《中华人民共和国治安管理处罚法》第三十条也明确禁止违反国家规定邮寄爆炸性、毒害性、放射性、腐蚀性物质或者传染病病原体等危险物质。本条例第三十条第一款重申，“寄件人交寄快件应当遵守《中华人民共和国邮政法》第二十四条关于禁止寄递或者限制寄递物品的规定”。据此，寄件人在快件中夹带禁寄物品，是违反法律、行政法规规定的行为。

三、责任形式

对相关主体前述违法行为，尚不构成犯罪的，本条衔接了上位法规定的相应法律责任。

1. 经营快递业务的企业违反收寄验视制度、禁限寄制度的法律责任。经营快递业务的企业或者其分支机构实施这两类违法行为的，法律责任的形式分为三个层面：一是一般情节的，依照《中华人民共和国反恐怖主义法》第八十五条的规定，由邮政管理部门处 10 万元以上 50 万元以下罚款，具体处罚幅度应当结合违法行为的具体情节、危害后果以及当地经济社会发展和反恐怖主义形势等因素研究确定。二是情节严重的，依照《中华人民共和国反恐怖主义法》第九十三条和《中华人民共和国邮政法》第七十五条的规定，由邮政管理部门责令在一定期限内停止从事全部快递业务、责令在一定期限内停止提供部分快递服务、责令企业分支机构停业。这里的"情节严重"可以是，经营快递业务的企业违反禁限寄制度，导致易燃、易爆等危险物品进入快递渠道，给快递安全带来严重威胁的行为。三是造成严重后果的，如企业违反收寄验视或者禁限寄制度，导致危险物品进入快递渠道，引发特别重大生产安全事故的，依照《中华人民共和国反恐怖主义法》第九十三条和《中华人民共和国邮政法》第七十五条的规定，由邮政管理部门吊销快递业务经营许可证。

2. 经营快递业务的企业违反实名收寄制度、快件安全检查制度的法律责任。经营快递业务的企业或者其分支机构实施这两类违法行为的，法律责任的形式分为三个层面：一是一般情节的，依照《中华人民共和国反恐怖主义法》第八十五条的规定，由邮政管理部门处 10 万元以上 50 万元以下罚款，具体处罚幅度应当结合违法行为的具体情节、危害后果以及当地经济社会发展和反恐怖主义形势等因素研究确定。二是情节严重的，依照《中华人民共和国反恐怖主义法》第九十三条的规定，由邮政管理部门责令在一定期限内停止从事全部快递业务、责令在一定期限内停止提供部分快递服务、责令企业分支机构停业。这里的“情节严重”可以是，经营快递业务的企业违反快件安全检查制度，导致易燃、易爆等危险物品进入快递渠道，给快递安全带来严重威胁的行为。三是造成严重后果的，如企业违反快件安全检查制度，导致危险物品进入快递渠道，引发特别重大生产安全事故的，依照《中华人民共和国反恐怖主义法》第九十三条的规定，由邮政管理部门吊销快递业务经营许可证。经营快递业务的企业或者其分支机构未遵守实名收寄、快件安检个别程序的操作规范、部分环节的技术化要求，根据部门规章、地方性法规、地方政府规章的规定需要承担法律责任的，邮政管理部门可以依照有关法规规章的规定就该行为实施行政处罚。

3. 经营快递业务的企业直接负责的主管人员和其他直接责任人员的法律责任。经营快递业务的企业或者其分支机构违反收寄验视制度、禁限寄制度、实名收寄制度、快件安全检查制度的，不区分一般情节、情节严重、造成严重后果等情节，均由邮政管理部门依照《中华人民共和国反恐怖主义法》第八十五条的规定，对其直接负责的主管人员和其他直接责任人员处 10 万元以下罚款。经营快递业务的企业或者其分支机构未遵守实名收寄、快件安检个别程序的操作规范、部分环节的技术化要求，根据部门规章、地方性法规、地方政府规章的规定需要追究企业直接负责的主管人员和其他直接责任人员法律责任的，邮政管理部门可以依照有关法规规章的规定实施行政处罚。

4. 寄件人在快件中夹带禁寄物品的法律责任。寄件人在快件中夹带禁寄物品，尚不构成犯罪的，依法给予治安管理处罚。法律责任的承担主体分为两类：一是个人用户，即交寄快件是自然人的个人行为，依照《中华人民共和国治安管理处罚法》第三十条的规定，违反国家规定，邮寄爆炸性、毒害性、放射性、腐蚀性物质或者传染病病原体等危险物质的，处 10 日以上 15 日以下拘留；情节较轻的，处 5 日以上 10 日以下拘留。二是单位用户，即交寄快件是单位员工的职务行为，应当依照《中华人民共和国治安管理处罚法》第十八条的规定，处罚该单位直接负责的主管人员和其他直接责任人员，处罚内容则适用该法第三十条的规定。

第四十四条　**经营快递业务的企业有下列行为之一的，由邮政管理部门责令改正，没收违法所得，并处 1 万元以上 5 万元以下的罚款；情节严重的，并处 5 万元以上 10 万元以下的罚款，并可以责令停业整顿直至吊销其快递业务经营许可证：**

（一）未按照规定建立快递运单及电子数据管理制度；

（二）未定期销毁快递运单；

（三）出售、泄露或者非法提供快递服务过程中知悉的用户信息；

（四）发生或者可能发生用户信息泄露的情况，未立即采取补救措施，或者未向所在地邮政管理部门报告。

条文主旨

本条是对经营快递业务的企业未履行有关保护用户信息安全义务的法律责任的规定。本条规定为切实落实用户信息安全管理规定提供了法律保障。

本条包括以下内容：经营快递业务的企业未建立快递运单及电子数据管理制度，未定期销毁快递运单，出售、泄露或者非法提供用户信息，发生或者可能发生用户信息泄露的情况，未立即采取补救措施或者未向邮政管理部门报告的，由邮政管理部门责令改正，没收违法所得，并处罚款；情节严重的，由邮政管理部门责令改正，没收违法所得，处罚款并可以责令停业整顿直至吊销其快递业务经营许可证。

释 义

一、责任主体

本条例第三十四条规定了经营快递业务的企业及其

从业人员保护用户信息安全的义务。本条规定的法律责任承担主体，不含从业人员个人，仅限于经营快递业务的企业及其分支机构。从业人员出售、泄露或者向他人非法提供快递用户信息的，依照《中华人民共和国邮政法》第七十六条第二款的规定实施行政处罚。

二、违法行为

1. 未按照规定建立快递运单及电子数据管理制度。本条例第三十四条第一款规定，经营快递业务的企业应当建立快递运单及电子数据管理制度。据此，经营快递业务的企业及其分支机构未按照规定建立快递运单及电子数据管理制度，是违反行政法规规定的行为。

2. 未定期销毁快递运单。本条例第三十四条第一款规定，经营快递业务的企业应当妥善保管用户信息等电子数据，定期销毁快递运单，采取有效技术手段保证用户信息安全。据此，经营快递业务的企业及其分支机构未销毁快递运单或者未按照有关规定定期销毁快递运单，是违反行政法规规定的行为。

3. 出售、泄露或者非法提供快递服务过程中知悉的用户信息。《中华人民共和国刑法》第二百五十三条之一规定："违反国家有关规定，向他人出售或者提供公民个人信息，情节严重的，处三年以下有期徒刑或者拘役，并处或者单处罚金；情节特别严重的，处三年以上七年以下有期徒刑，并处罚金。违反国家有关规定，将在履行职责或者提供服务过程中获得的公民个人信息，出售或者提供给他人的，依照前款的规定从重处罚。窃取或者以其他方法非法获取公民个人信息的，依照第一款的规定处罚。单位犯前三款罪的，对单位判处罚金，并对其直接负责的主管人员和其他直接责任人员，依照各该款的规定处罚。”依照《中华人民共和国邮政法》第三十五条第二款和第五十九条的规定，除法律另有规定外，经营快递业务的企业及其从业人员不得向任何单位或者个人泄露用户使用快递服务的信息。本条例第三十四条第二款规定，经营快递业务的企业及其从业人员不得出售、泄露或者非法提供快递服务过程中知悉的用户信息。据此，经营快递业务的企业及其分支机构出售、泄露或者非法提供快递服务过程中知悉的用户信息，是违反法律、行政法规规定的行为。

4. 发生或者可能发生用户信息泄露的情况，未立即采取补救措施，或者未向所在地邮政管理部门报告。《中华人民共和国网络安全法》第四十二条第二款规定：“网络运营者应当采取技术措施和其他必要措施，确保其收集的个人信息安全，防止信息泄露、毁损、丢失。在发生或者可能发生个人信息泄露、毁损、丢失的情况时，应当立即采取补救措施，按照规定及时告知用户并向有关主管部门报告。”本条例第三十四条第二款规定，发生或者可能发生用户信息泄露的，经营快递业务的企业应当立即采取补救措施，并向所在地邮政管理部门报告。据此，发生或者可能发生用户信息泄露的情况，经营快递业务的企业及其分支机构未立即采取补救措施，或者未向所在地邮政管理部门报告，是违反法律、行政法规规定的行为。

三、责任形式

对经营快递业务的企业未履行快递用户信息安全保护义务，尚不构成犯罪的，本条规定了行政法律责任。法律责任的形式分为两个层面：一是一般情节的，由邮政管理部门责令改正，没收违法所得，并处1万元以上5万元以下的罚款。二是情节严重的，由邮政管理部门责令改正，没收违法所得，并处5万元以上10万元以下的罚款，并可以责令停业整顿直至吊销其快递业务经营许可证。可以责令停业整顿的情形有，企业未依法履行保护快递用户信息安全的义务，导致大量用户信息泄露，在较大范围内引起社会不良影响的；企业曾因出售快递用户信息被邮政管理部门处罚，再次出售快递用户信息等。可以吊销快递业务经营许可证的情形有，企业因未依法履行保护快递用户信息安全义务，给国家安全造成特别重大危害等。没收违法所得一般适用于出售用户信息的违法行为。实施没收违法所得，不扣除责任主体为出售用户信息所做的预先投入，邮政管理部门应当没收该违法行为的全部收入。

第四十五条　经营快递业务的企业及其从业人员在经营活动中有危害国家安全行为的，依法追究法律责任；对经营快递业务的企业，由邮政管理部门吊销其快递业务经营许可证。

条文主旨

本条是关于经营快递业务的企业及其从业人员在经营活动中有危害国家安全行为的法律责任的规定。本条规定对于经营快递业务的企业及其从业人员切实履行维护国家安全的义务，预防、惩处快递业务经营活动中危害国家安全的行为有重要作用。

本条包括以下内容：经营快递业务的企业及其从业人员在快递业务经营活动中，有危害国家安全行为的，依法追究刑事责任；尚不构成犯罪的，依照有关法律的规定追究其责任；对经营快递业务的企业，由邮政管理部门吊销其快递业务经营许可证。

释 义

《中华人民共和国国家安全法》第七十七条第二款规定："任何个人和组织不得有危害国家安全的行为，不得向危害国家安全的个人或者组织提供任何资助或者协助。"危害国家安全的行为，是性质极为严重、恶劣且社会危害性极大的违法行为，直接侵害了国家安全、民族统一、社会主义制度。经营快递业务的企业及其从业人员在经营活动中有危害国家安全行为的，应当受到法律的严厉制裁。

一、责任主体

本条规定的法律责任承担主体是经营快递业务的企业、经营快递业务的企业的从业人员。

二、违法行为

《中华人民共和国国家安全法》第二条规定："国家

安全是指国家政权、主权、统一和领土完整、人民福祉、经济社会可持续发展和国家其他重大利益相对处于没有危险和不受内外威胁的状态，以及保障持续安全状态的能力。”根据这一规定，危害国家安全的行为属于危害国家核心利益和其他重大利益的行为。根据《中华人民共和国反间谍法》及其实施细则、《中华人民共和国刑法》有关规定，危害国家安全的行为有多种类型，如阴谋颠覆政府，分裂国家，推翻社会主义制度的；参加间谍组织或者接受间谍组织及其代理人的任务的；窃取、刺探、收买、非法提供国家秘密的；策动、勾引、收买国家工作人员叛变的；组织、策划或者实施危害国家安全的恐怖活动的；捏造、歪曲事实，发表、散布文字或者言论，或者制作、传播音像制品，危害国家安全的；利用宗教进行危害国家安全活动的；制造民族纠纷，煽动民族分裂的。

本条规定的危害国家安全的行为，明确限定为经营快递业务的企业及其从业人员“在经营活动中”实施的违法行为。所谓“在经营活动中”包括两个方面：一是企业经营快递业务过程中，从业人员执行快件寄递工作任务过程中；二是经营快递业务的企业经营其他业务过程中，快递从业人员执行所在经营快递业务的企业其他工作任务过程中。如果从业人员实施的危害国家安全行为是与其工作职务无关的个人行为，则该违法行为不属于本条的适用范围。

三、责任形式

本条规定，经营快递业务的企业及其从业人员在经营活动中有危害国家安全行为的，依法追究法律责任。这里所说的“依法”主要是指依照《中华人民共和国刑法》、《中华人民共和国反间谍法》及其实施细则、《中华人民共和国反恐怖主义法》等有关法律、行政法规的规定。考虑到对于危害国家安全的行为，其他法律、行政法规已作明确规定，本条主要是与其衔接。例如，《中华人民共和国刑法》用专章规定了危害国家安全罪，并设定了相应的刑事责任。依照《中华人民共和国反恐怖主义法》第八十条的规定，为宣扬恐怖主义、极端主义或者实施恐怖主义、极端主义活动提供信息、资金、物资、劳务、技术、场所等支持、协助、便利，情节轻微，尚不构成犯罪的，由公安机关处十日以上十五日以下拘留，可以并处一万元以下罚款。

经营快递业务的企业承担快递安全主体责任，应当履行维护国家安全的义务。经营快递业务的企业在经营活动中有危害国家安全行为的，《中华人民共和国邮政法》第七十八条规定由邮政管理部门吊销其快递业务经营许可证。需要注意的是，邮政管理部门吊销快递业务经营许可证一般基于企业法人实施了危害国家安全的行为。企业分支机构、从业人员或者快递末端网点实施危害国家安全行为，被依法追究法律责任，但刑事判决、国家安全机关的处罚决定等未认定所属企业法人也存在危害国家安全行为的，邮政管理部门不得吊销该企业法人的快递业务经营许可证。

第四十六条　邮政管理部门和其他有关部门的工作人员在监督管理工作中滥用职权、玩忽职守、徇私舞弊的，依法给予处分。

条文主旨

本条是关于邮政管理部门和其他有关部门的工作人员在监督管理工作中滥用职权、玩忽职守、徇私舞弊所应当承担的法律责任的规定。本条规定旨在促进有关部门工作人员依法履职，切实做到有权必有责、用权受监督、违法必追究。

结合有关法律规定，本条包括以下内容：邮政管理部门和其他有关部门的工作人员在监督管理工作中滥用职权、玩忽职守、徇私舞弊的，依照《中华人民共和国监察法》《中华人民共和国公务员法》以及《行政机关公务员处分条例》等规定给予政务处分或者作出诫勉、谈话提醒、批评教育、责令检查、问责等其他处理；涉嫌职务犯罪的，由监察机关调查后移送人民检察院提起公诉。

释　义

为规范邮政管理部门和其他有监管职责的部门对快递活动的监督管理行为，保证相关部门在监督管理工作中切实履行好本条例规定的职责，本条针对有关工作人员滥用职权、玩忽职守、徇私舞弊等行为衔接规定了相应法律责任。

一、责任主体

本条规定的法律责任承担主体是邮政管理部门工作人员、其他有关部门工作人员。

二、违法行为

本条规定的承担法律责任的违法行为是邮政管理部

门和其他有关部门的工作人员在监督管理工作中滥用职权、玩忽职守、徇私舞弊的行为。滥用职权，主要是指有关工作人员超越职权，违法决定、处理其无权决定、无权处理的事项，或者违反规定处理公务。玩忽职守，主要是指有关工作人员严重不负责任，不履行或者不恰当履行职责。其中，不履行职责是指对于自身应当履行的职责，拒绝履行或者放弃履行。徇私舞弊，主要是指有关工作人员在履行职责过程中，为谋取私利或者徇私情而违背职责的行为。

三、责任形式

本条规定的法律责任形式为处分，即政务处分。政务处分，是指国家机关根据有关法律的规定，并依照隶属关系，对失职、渎职的公职人员给予的惩罚性处理措施，是国家机关内部的一种惩戒措施，一般不涉及行政相对人的权益。依照《中华人民共和国监察法》《中华人民共和国公务员法》以及《行政机关公务员处分条例》等规定，处分种类按照严重程度从轻到重依次分为：警告、记过、记大过、降级、撤职、开除。对于本条规定的邮政管理部门和其他有关部门的工作人员，根据违法情节的轻重，依照法定程序由任免机关或者监察机关决定是否给予处分以及处分的具体种类。

需要注意的是，“双随机”机制厘清了政府部门实施监督管理的责任边界。邮政管理部门应当按照“双随机”机制确定的随机抽查比例和频次，对市场主体名录库中的市场主体实施随机抽查。对随机抽查事项清单规定的工作内容，随机抽查没有被抽到的市场主体发生快递安全、服务质量等问题，邮政管理部门工作人员可以不承担行政执法责任。

第四十七条　**违反本条例规定，构成犯罪的，依法追究刑事责任；造成人身、财产或者其他损害的，依法承担赔偿责任。**

条文主旨

本条是关于违反本条例有关规定，同时违反刑法或者相关民事法律规定，在承担本条例规定的法律责任以外，还需要承担相应刑事责任与民事责任的规定。本条规定对于构建快递业多层次法律责任体系，更好地运用多种法律责任惩戒违法行为具有重要作用。

本条包括以下内容：违反本条例规定，构成犯罪的，依法追究刑事责任；造成人身、财产或者其他损害的，依照民事法律有关侵权责任的规定和其他有关法律的规定承担赔偿责任。

释　义

一、违反本条例规定，刑事责任与民事责任的适用

本条规定的法律责任包括刑事责任和民事责任。一是刑事责任，是指具有刑事责任能力的人实施了刑事法律所禁止的行为（犯罪行为）所必须承担的法律责任。刑事责任是最为严厉的法律责任，只能由司法机关依法予以追究。二是民事责任，是指民事法律关系主体违反民事法律的规定，不履行民事法律义务时所应承担的法律责任。本条例作为国务院颁布的行政法规，主要是规定违法行为的行政责任。在这里原则规定刑事责任和民事责任，是为了衔接刑法和有关民事法律的制度安排。

在法律责任的设置上，行政责任、刑事责任和民事责任一般是并行的。违法者在承担行政责任的同时，如果其行为构成犯罪的，应当依法追究刑事责任；对其行为造成的损失，应当依法承担赔偿责任。《中华人民共和国行政处罚法》第七条规定："公民、法人或者其他组织

因违法受到行政处罚，其违法行为对他人造成损害的，应当依法承担民事责任。违法行为构成犯罪的，应当依法追究刑事责任，不得以行政处罚代替刑事处罚。”据此，在行政责任与刑事责任、民事责任同时存在的情况下，由于法律责任的性质不同，在责任承担上不发生冲突，也不会发生重责吸收轻责的情况，违法者同时承担多种法律责任，不能因其接受了行政处罚而免除其刑事责任或者民事责任，一般也不能因其承担了行政责任而减轻刑事或者民事上的法律责任。

二、违反本条例构成犯罪的，应当承担刑事责任的情形

违反本条例构成犯罪的，根据《中华人民共和国刑法》有关规定追究刑事责任。这方面主要包括：未取得快递业务经营许可从事快递业务，构成犯罪的，依照《中华人民共和国刑法》第二百二十五条非法经营罪的规定追究刑事责任；冒领、私自开拆、隐匿、毁弃快件，构成犯罪的，依照《中华人民共和国刑法》第二百五十二条、第二百五十三条、第二百六十四条等有关规定追究刑事责任；不建立或者不执行收寄验视制度、违法收寄禁限寄物品，构成犯罪的，依照《中华人民共和国刑法》第一百三十四条重大责任事故罪等有关规定追究刑事责任；与他人合谋利用快递渠道夹带、寄递毒品、枪支弹药、淫秽物品、假烟、假药等违法物品，构成犯罪的，依照《中华人民共和国刑法》有关规定追究刑事责任；经营快递业务的企业及其从业人员出售或者向他人非法提供快递服务用户个人信息，构成犯罪的，依照《中华人民共和国刑法》第二百五十三条之一的规定追究刑事责任；经营快递业务的企业及其从业人员在经营活动中危害国家安全的，依照《中华人民共和国刑法》有关危害国家安全罪的规定追究刑事责任；邮政管理部门和其他有关部门的工作人员在监督管理工作中滥用职权、玩忽职守、徇私舞弊，构成犯罪的，依照《中华人民共和国刑法》有关渎职罪的规定追究刑事责任。

三、违反本条例的规定，应当承担赔偿责任的情形

经营快递业务的企业及其从业人员、寄件人违反本条例的规定，造成他人人身、财产或者其他损害的，依法承担赔偿责任。例如，经营快递业务的企业及其从业人员未严格执行收寄验视制度而误收危险物品或者寄件人在快件中违法夹带危险物品，造成他人人身、财产损害的，依照《中华人民共和国民法总则》《中华人民共和国侵权责任法》等规定承担赔偿责任；经营快递业务的企业提供快递服务有欺诈行为的，或者明知提供的服务存在缺陷仍然提供，造成用户死亡或者健康严重损害的，可以依照《中华人民共和国消费者权益保护法》第五十五条的规定承担惩罚性赔偿责任。需要注意的是，《中华人民共和国民法总则》第一百八十七条规定："民事主体因同一行为应当承担民事责任、行政责任和刑事责任的，承担行政责任或者刑事责任不影响承担民事责任；民事主体的财产不足以支付的，优先用于承担民事责任。"邮政管理部门和其他有关部门的工作人员在行使行政职权时违法实施罚款、吊销许可证、责令停业整顿、没收财物等行政处罚，或者违法对财产采取查封、扣押、冻结等行政强制措施造成财产损害的，应当依照《中华人民共和国国家赔偿法》有关规定给予行政赔偿。

第八章　附　　则

第四十八条　本条例自2018年5月1日起施行。

条文主旨

按照本条规定，本条例自2018年5月1日起开始生效。对2018年4月30日及之前的行为，本条例不具有溯及力。

释　义

施行日期的规定，是法律、法规、规章的重要组成部分，是其对社会产生规范作用的时间起点。法律、法规或者规章需要明确规定其产生法律效力的具体日期。从我国的立法实践看，法律法规的附则中施行日期的具体规定方式通常有两种：

一是自公布之日起施行。即在附则中明确规定“本条例自公布之日起施行”。目前，在立法实践中采用这种方式规定施行日期的情况较少。采用这种方式的个别法律法规，多是为调整某种社会关系所急需，而且无须为其实施做大量准备工作，或者涉及国家安全、外汇汇率、货币政策以及其他公布后不立即施行将有碍施行的情况。

二是公布后经过一定的时间才施行。我国立法实践中，采用这种方式规定施行日期的情况较为常见。这种方式的好处是，可以充分宣传即将施行的法律法规，使有关主体加深认知。同时，可以为实施法律法规做相应准备，包括组织、物质等方面的准备，以保证法律法规更好地实施。《中华人民共和国立法法》以及《行政法规制定程序条例》《规章制定程序条例》等有明确规定，法律、行政法规、规章的施行日期与公布日期应当间隔30日以上。

本条规定的施行日期属于前述第二种方式。2018年2月7日，国务院第198次常务会议通过本条例。2018年3月2日，总理签署国务院令第697号公布本条例，同日国务院报请全国人大常委会备案。本条例施行日期的起点定为2018年5月1日，为有关部门、企业事业单位、行业组织、从业人员和广大用户预留了学习、了解本条例的时间，以保证本条例能够得到有效的遵守和执行，也给有关部门预留了必要的时间推进配套制度规范的制定工作。

本条例不是临时性管理措施，其效力是长期性的。本条例在立法位阶上仅次于《中华人民共和国邮政法》，高于部门规章、地方性法规、地方政府规章、行政规范性文件。作为国务院制定的具有普遍约束力、能够反复适用的行政法规，本条例的施行是快递改革发展的里程碑，开启了邮政业依法治理的新征程。

附　录

中华人民共和国国务院令

第 697 号

《快递暂行条例》已经 2018 年 2 月 7 日国务院第 198 次常务会议通过，现予公布，自 2018 年 5 月 1 日起施行。

总理　李克强

2018 年 3 月 2 日

快递暂行条例

第一章　总　　则

第一条　为促进快递业健康发展，保障快递安全，保护快递用户合法权益，加强对快递业的监督管理，根据《中华人民共和国邮政法》和其他有关法律，制定本条例。

第二条　在中华人民共和国境内从事快递业务经营、接受快递服务以及对快递业实施监督管理，适用本条例。

第三条　地方各级人民政府应当创造良好的快递业营商环境，支持经营快递业务的企业创新商业模式和服务方式，引导经营快递业务的企业加强服务质量管理、健全规章制度、完善安全保障措施，为用户提供迅速、准确、安全、方便的快递服务。

地方各级人民政府应当确保政府相关行为符合公平竞争要求和相关法律法规，维护快递业竞争秩序，不得出台违反公平竞争、可能造成地区封锁和行业垄断的政策措施。

第四条　任何单位或者个人不得利用信件、包裹、印刷品以及其他寄递物品（以下统称快件）从事危害国家安全、社会公共利益或者他人合法权益的活动。

除有关部门依照法律对快件进行检查外，任何单位或者个人不得非法检查他人快件。任何单位或者个人不得私自开拆、隐匿、毁弃、倒卖他人快件。

第五条　国务院邮政管理部门负责对全国快递业实施监督管理。国务院公安、国家安全、海关、工商行政管理、出入境检验检疫等有关部门在各自职责范围内负责相关的快递监督管理工作。

省、自治区、直辖市邮政管理机构和按照国务院规定设立的省级以下邮政管理机构负责对本辖区的快递业实施监督管理。县级以上地方人民政府有关部门在各自职责范围内负责相关的快递监督管理工作。

第六条　国务院邮政管理部门和省、自治区、直辖市邮政管理机构以及省级以下邮政管理机构（以下统称邮政管理部门）应当与公安、国家安全、海关、工商行政管理、出入境检验检疫等有关部门相互配合，建立健全快递安全监管机制，加强对快递业安全运行的监测预警，收集、共享与快递业安全运行有关的信息，依法处理影响快递业安全运行的事件。

第七条　依法成立的快递行业组织应当保护企业合法权益，加强行业自律，促进企业守法、诚信、安全经营，督促企业落实安全生产主体责任，引导企业不断提高快递服务质量和水平。

第八条　国家加强快递业诚信体系建设，建立健全快递业信用记录、信息公开、信用评价制度，依法实施联合惩戒措施，提高快递业信用水平。

第九条　国家鼓励经营快递业务的企业和寄件人使用可降解、可重复利用的环保包装材料，鼓励经营快递业务的企业采取措施回收快件包装材料，实现包装材料的减量化利用和再利用。

第二章　发展保障

第十条　国务院邮政管理部门应当制定快递业发展规划，促进快递业健康发展。

县级以上地方人民政府应当将快递业发展纳入本级国民经济和社会发展规划，在城乡规划和土地利用总体规划中统筹考虑快件大型集散、分拣等基础设施用地的需要。

县级以上地方人民政府建立健全促进快递业健康发展的政策措施，完善相关配套规定，依法保障经营快递业务的企业及其从业人员的合法权益。

第十一条　国家支持和鼓励经营快递业务的企业在农村、偏远地区发展快递服务网络，完善快递末端网点布局。

第十二条　国家鼓励和引导经营快递业务的企业采用先进技术，促进自动化分拣设备、机械化装卸设备、智能末端服务设施、快递电子运单以及快件信息化管理系统等的推广应用。

第十三条　县级以上地方人民政府公安、交通运输等部门和邮政管理部门应当加强协调配合，建立健全快递运输保障机制，依法保障快递服务车辆通行和临时停靠的权利，不得禁止快递服务车辆依法通行。

邮政管理部门会同县级以上地方人民政府公安等部门，依法规范快递服务车辆的管理和使用，对快递专用电动三轮车的行驶时速、装载质量等作出规定，并对快递服务车辆加强统一编号和标识管理。经营快递业务的企业应当对其从业人员加强道路交通安全培训。

快递从业人员应当遵守道路交通安全法律法规的规定，按照操作规范安全、文明驾驶车辆。快递从业人员因执行工作任务造成他人损害的，由快递从业人员所属的经营快递业务的企业依照民事侵权责任相关法律的规定承担侵权责任。

第十四条 企业事业单位、住宅小区管理单位应当根据实际情况，采取与经营快递业务的企业签订合同、设置快件收寄投递专门场所等方式，为开展快递服务提供必要的便利。鼓励多个经营快递业务的企业共享末端服务设施，为用户提供便捷的快递末端服务。

第十五条 国家鼓励快递业与制造业、农业、商贸业等行业建立协同发展机制，推动快递业与电子商务融合发展，加强信息沟通，共享设施和网络资源。

国家引导和推动快递业与铁路、公路、水路、民航等行业的标准对接，支持在大型车站、码头、机场等交通枢纽配套建设快件运输通道和接驳场所。

第十六条 国家鼓励经营快递业务的企业依法开展进出境快递业务，支持在重点口岸建设进出境快件处理中心、在境外依法开办快递服务机构并设置快件处理场所。

海关、出入境检验检疫、邮政管理等部门应当建立协作机制，完善进出境快件管理，推动实现快件便捷通关。

第三章 经营主体

第十七条 经营快递业务，应当依法取得快递业务经营许可。邮政管理部门应当根据《中华人民共和国邮政法》第五十二条、第五十三条规定的条件和程序核定经营许可的业务范围和地域范围，向社会公布取得快递业务经营许可的企业名单，并及时更新。

第十八条 经营快递业务的企业及其分支机构可以根据业务需要开办快递末端网点，并应当自开办之日起20日内向所在地邮政管理部门备案。快递末端网点无需办理营业执照。

第十九条 两个以上经营快递业务的企业可以使用统一的商标、字号或者快递运单经营快递业务。

前款规定的经营快递业务的企业应当签订书面协议明确各自的权利义务，遵守共同的服务约定，在服务质量、安全保障、业务流程等方面实行统一管理，为用户提供统一的快件跟踪查询和投诉处理服务。

用户的合法权益因快件延误、丢失、损毁或者内件短少而受到损害的，用户可以要求该商标、字号或者快递运单所属企业赔偿，也可以要求实际提供快递服务的企业赔偿。

第二十条　经营快递业务的企业应当依法保护其从业人员的合法权益。

经营快递业务的企业应当对其从业人员加强职业操守、服务规范、作业规范、安全生产、车辆安全驾驶等方面的教育和培训。

第四章　快 递 服 务

第二十一条　经营快递业务的企业在寄件人填写快递运单前，应当提醒其阅读快递服务合同条款、遵守禁止寄递和限制寄递物品的有关规定，告知相关保价规则和保险服务项目。

寄件人交寄贵重物品的，应当事先声明；经营快递业务的企业可以要求寄件人对贵重物品予以保价。

第二十二条　寄件人交寄快件，应当如实提供以下事项：

（一）寄件人姓名、地址、联系电话；

（二）收件人姓名（名称）、地址、联系电话；

（三）寄递物品的名称、性质、数量。

除信件和已签订安全协议用户交寄的快件外，经营快递业务的企业收寄快件，应当对寄件人身份进行查验，并登记身份信息，但不得在快递运单上记录除姓名（名称）、地址、联系电话以外的用户身份信息。寄件人拒绝提供身份信息或者提供身份信息不实的，经营快递业务的企业不得收寄。

第二十三条 国家鼓励经营快递业务的企业在节假日期间根据业务量变化实际情况，为用户提供正常的快递服务。

第二十四条 经营快递业务的企业应当规范操作，防止造成快件损毁。

法律法规对食品、药品等特定物品的运输有特殊规定的，寄件人、经营快递业务的企业应当遵守相关规定。

第二十五条 经营快递业务的企业应当将快件投递到约定的收件地址、收件人或者收件人指定的代收人，并告知收件人或者代收人当面验收。收件人或者代收人有权当面验收。

第二十六条 快件无法投递的，经营快递业务的企业应当退回寄件人或者根据寄件人的要求进行处理；属于进出境快件的，经营快递业务的企业应当依法办理海关和检验检疫手续。

快件无法投递又无法退回的，依照下列规定处理：

（一）属于信件，自确认无法退回之日起超过6个月无人认领的，由经营快递业务的企业在所在地邮政管理部门的监督下销毁；

（二）属于信件以外其他快件的，经营快递业务的企业应当登记，并按照国务院邮政管理部门的规定处理；

（三）属于进境快件的，交由海关依法处理；其中有依法应当实施检疫的物品的，由出入境检验检疫部门依法处理。

第二十七条　快件延误、丢失、损毁或者内件短少的，对保价的快件，应当按照经营快递业务的企业与寄件人约定的保价规则确定赔偿责任；对未保价的快件，依照民事法律的有关规定确定赔偿责任。

国家鼓励保险公司开发快件损失赔偿责任险种，鼓励经营快递业务的企业投保。

第二十八条　经营快递业务的企业应当实行快件寄递全程信息化管理，公布联系方式，保证与用户的联络畅通，向用户提供业务咨询、快件查询等服务。用户对快递服务质量不满意的，可以向经营快递业务的企业投诉，经营快递业务的企业应当自接到投诉之日起7日内予以处理并告知用户。

第二十九条　经营快递业务的企业停止经营的，应当提前10日向社会公告，书面告知邮政管理部门，交回快递业务经营许可证，并依法妥善处理尚未投递的快件。

经营快递业务的企业或者其分支机构因不可抗力或者其他特殊原因暂停快递服务的，应当及时向邮政管理部门报告，向社会公告暂停服务的原因和期限，并依法妥善处理尚未投递的快件。

第五章　快递安全

第三十条　寄件人交寄快件和经营快递业务的企业收寄快件应当遵守《中华人民共和国邮政法》第二十四条关于禁止寄递或者限制寄递物品的规定。

禁止寄递物品的目录及管理办法，由国务院邮政管理部门会同国务院有关部门制定并公布。

第三十一条　经营快递业务的企业收寄快件，应当依照《中华人民共和国邮政法》的规定验视内件，并作出验视标识。寄件人拒绝验视的，经营快递业务的企业不得收寄。

经营快递业务的企业受寄件人委托，长期、批量提供快递服务的，应当与寄件人签订安全协议，明确双方的安全保障义务。

第三十二条　经营快递业务的企业可以自行或者委托第三方企业对快件进行安全检查，并对经过安全检查的快件作出安全检查标识。经营快递业务的企业委托第三方企业对快件进行安全检查的，不免除委托方对快件安全承担的责任。

经营快递业务的企业或者接受委托的第三方企业应当使用符合强制性国家标准的安全检查设备，并加强对安全检查人员的背景审查和技术培训；经营快递业务的企业或者接受委托的第三方企业对安全检查人员进行背景审查，公安机关等相关部门应当予以配合。

第三十三条　经营快递业务的企业发现寄件人交寄禁止寄递物品的，应当拒绝收寄；发现已经收寄的快件中有疑似禁止寄递物品的，应当立即停止分拣、运输、投递。对快件中依法应当没收、销毁或者可能涉及违法犯罪的物品，经营快递业务的企业应当立即向有关部门报告并配合调查处理；对其他禁止寄递物品以及限制寄递物品，经营快递业务的企业应当按照法律、行政法规或者国务院和国务院有关主管部门的规定处理。

第三十四条　经营快递业务的企业应当建立快递运单及电子数据管理制度，妥善保管用户信息等电子数据，定期销毁快递运单，采取有效技术手段保证用户信息安全。具体办法由国务院邮政管理部门会同国务院有关部门制定。

经营快递业务的企业及其从业人员不得出售、泄露或者非法提供快递服务过程中知悉的用户信息。发生或者可能发生用户信息泄露的，经营快递业务的企业应当立即采取补救措施，并向所在地邮政管理部门报告。

第三十五条　经营快递业务的企业应当依法建立健全安全生产责任制，确保快递服务安全。

经营快递业务的企业应当依法制定突发事件应急预案，定期开展突发事件应急演练；发生突发事件的，应当按照应急预案及时、妥善处理，并立即向所在地邮政管理部门报告。

第六章　监督检查

第三十六条　邮政管理部门应当加强对快递业的监

督检查。监督检查应当以下列事项为重点：

（一）从事快递活动的企业是否依法取得快递业务经营许可；

（二）经营快递业务的企业的安全管理制度是否健全并有效实施；

（三）经营快递业务的企业是否妥善处理用户的投诉、保护用户合法权益。

第三十七条　邮政管理部门应当建立和完善以随机抽查为重点的日常监督检查制度，公布抽查事项目录，明确抽查的依据、频次、方式、内容和程序，随机抽取被检查企业，随机选派检查人员。抽查情况和查处结果应当及时向社会公布。

邮政管理部门应当充分利用计算机网络等先进技术手段，加强对快递业务活动的日常监督检查，提高快递业管理水平。

第三十八条　邮政管理部门依法履行职责，有权采取《中华人民共和国邮政法》第六十一条规定的监督检查措施。邮政管理部门实施现场检查，有权查阅经营快递业务的企业管理快递业务的电子数据。

国家安全机关、公安机关为维护国家安全和侦查犯罪活动的需要依法开展执法活动，经营快递业务的企业应当提供技术支持和协助。

《中华人民共和国邮政法》第十一条规定的处理场所，包括快件处理场地、设施、设备。

第三十九条　邮政管理部门应当向社会公布本部门的联系方式，方便公众举报违法行为。

邮政管理部门接到举报的，应当及时依法调查处理，并为举报人保密。对实名举报的，邮政管理部门应当将处理结果告知举报人。

第七章　法律责任

第四十条　未取得快递业务经营许可从事快递活动的，由邮政管理部门依照《中华人民共和国邮政法》的规定予以处罚。

经营快递业务的企业或者其分支机构有下列行为之一的，由邮政管理部门责令改正，可以处 1 万元以下的罚款；情节严重的，处 1 万元以上 5 万元以下的罚款，并可以责令停业整顿：

（一）开办快递末端网点未向所在地邮政管理部门

备案；

（二）停止经营快递业务，未提前10日向社会公告，未书面告知邮政管理部门并交回快递业务经营许可证，或者未依法妥善处理尚未投递的快件；

（三）因不可抗力或者其他特殊原因暂停快递服务，未及时向邮政管理部门报告并向社会公告暂停服务的原因和期限，或者未依法妥善处理尚未投递的快件。

第四十一条　两个以上经营快递业务的企业使用统一的商标、字号或者快递运单经营快递业务，未遵守共同的服务约定，在服务质量、安全保障、业务流程等方面未实行统一管理，或者未向用户提供统一的快件跟踪查询和投诉处理服务的，由邮政管理部门责令改正，处1万元以上5万元以下的罚款；情节严重的，处5万元以上10万元以下的罚款，并可以责令停业整顿。

第四十二条　冒领、私自开拆、隐匿、毁弃、倒卖或者非法检查他人快件，尚不构成犯罪的，依法给予治安管理处罚。

经营快递业务的企业有前款规定行为，或者非法扣留快件的，由邮政管理部门责令改正，没收违法所得，并处5万元以上10万元以下的罚款；情节严重的，并处

10 万元以上 20 万元以下的罚款，并可以责令停业整顿直至吊销其快递业务经营许可证。

第四十三条　经营快递业务的企业有下列情形之一的，由邮政管理部门依照《中华人民共和国邮政法》、《中华人民共和国反恐怖主义法》的规定予以处罚：

（一）不建立或者不执行收寄验视制度；

（二）违反法律、行政法规以及国务院和国务院有关部门关于禁止寄递或者限制寄递物品的规定；

（三）收寄快件未查验寄件人身份并登记身份信息，或者发现寄件人提供身份信息不实仍予收寄；

（四）未按照规定对快件进行安全检查。

寄件人在快件中夹带禁止寄递的物品，尚不构成犯罪的，依法给予治安管理处罚。

第四十四条　经营快递业务的企业有下列行为之一的，由邮政管理部门责令改正，没收违法所得，并处 1 万元以上 5 万元以下的罚款；情节严重的，并处 5 万元以上 10 万元以下的罚款，并可以责令停业整顿直至吊销其快递业务经营许可证：

（一）未按照规定建立快递运单及电子数据管理制度；

（二）未定期销毁快递运单；

（三）出售、泄露或者非法提供快递服务过程中知悉的用户信息；

（四）发生或者可能发生用户信息泄露的情况，未立即采取补救措施，或者未向所在地邮政管理部门报告。

第四十五条　经营快递业务的企业及其从业人员在经营活动中有危害国家安全行为的，依法追究法律责任；对经营快递业务的企业，由邮政管理部门吊销其快递业务经营许可证。

第四十六条　邮政管理部门和其他有关部门的工作人员在监督管理工作中滥用职权、玩忽职守、徇私舞弊的，依法给予处分。

第四十七条　违反本条例规定，构成犯罪的，依法追究刑事责任；造成人身、财产或者其他损害的，依法承担赔偿责任。

第八章　附　　则

第四十八条　本条例自2018年5月1日起施行。

国务院关于促进快递业发展的若干意见

（2015 年 10 月 23 日　国发〔2015〕61 号）

快递业是现代服务业的重要组成部分，是推动流通方式转型、促进消费升级的现代化先导性产业。近年来，我国快递业发展迅速，企业数量大幅增加，业务规模持续扩大，服务水平不断提升，在降低流通成本、支撑电子商务、服务生产生活、扩大就业渠道等方面发挥了积极作用。但与此同时，快递业发展方式粗放、基础设施滞后、安全隐患较多、国际竞争力不强等问题仍较为突出。为促进快递业健康发展，进一步搞活流通、拉动内需，服务大众创业、万众创新，培育现代服务业新增长点，更好发挥快递业对稳增长、促改革、调结构、惠民生的作用，现提出以下意见。

一、总体要求

（一）指导思想。以解决制约快递业发展的突出问题为导向，以“互联网 +”快递为发展方向，培育壮大市场主体，融入并衔接综合交通体系，扩展服务网络惠及范围，保障寄递渠道安全，促进行业转型升级和提质增效，不断满足人民群众日益增长的寄递需求，更好服务于国民经济和社会发展。

（二）基本原则。

市场主导。遵循市场发展规律，进一步开放国内快递市场，用市场化手段引导快递企业整合提升，鼓励企业持续提高服务能力和服务质量。进一步简政放权，发挥法律法规、规划、标准的规范引导作用，形成有利于快递业发展的市场环境。

安全为基。进一步强化安全生产红线意识，加强寄递安全制度体系建设，落实企业主体责任，夯实快递业安全基础。依靠科技手段创新管理方式、提升监管能力，保障寄递渠道安全。

创新驱动。鼓励不同所有制资本在快递领域交叉持股、相互融合，激发市场主体活力和创造力。支持快递企业加快推广应用现代信息技术，不断创新商业模式、服务形式和管理方式。

协同发展。推动快递业加快融入生产、流通和消费环节，充分发挥服务电子商务的主渠道作用，联通线上线下，实现与先进制造业、现代农业、信息技术等产业协同发展。

（三）发展目标。到2020年，基本建成普惠城乡、技术先进、服务优质、安全高效、绿色节能的快递服务体系，形成覆盖全国、联通国际的服务网络。

——产业规模跃上新台阶。快递市场规模稳居世界首位，基本实现乡乡有网点、村村通快递，快递年业务量达到500亿件，年业务收入达到8000亿元。

——企业实力明显增强。快递企业自主航空运输能力大幅提升，建设一批辐射国内外的航空快递货运枢纽，积极引导培育形成具有国际竞争力的大型骨干快递企业。

——服务水平大幅提升。寄递服务产品体系更加丰富，国内重点城市间实现48小时送达，国际快递服务通达范围更广、速度更快，服务满意度稳步提高。

——综合效益更加显著。年均新增就业岗位约20万个，全年支撑网络零售交易额突破10万亿元，日均服务用户2.7亿人次以上，有效降低商品流通成本。

二、重点任务

（四）培育壮大快递企业。鼓励各类资本依法进入快递领域，支持快递企业兼并重组、上市融资，整合中小企业，优化资源配置，实现强强联合、优势互补，加快形成若干家具有国际竞争力的企业集团，鼓励“走出去”参与国际竞争。大力提升快递服务质量，实施品牌战略，建立健全行业安全和服务标准体系，加强服务质量监测，降低快件延误率、损毁率、丢失率和投诉率，引导快递企业从价格竞争向服务竞争转变。积极推广快递保险业务，保障用户权益。支持骨干企业建设工程技术中心，开展智能终端、自动分拣、机械化装卸、冷链快递等技术装备的研发应用。

（五）推进“互联网＋”快递。鼓励快递企业充分利用移动互联、物联网、大数据、云计算等信息技术，优化服务网络布局，提升运营管理效率，拓展协同发展空间，推动服务模式变革，加快向综合性快递物流运营商转型。引导快递企业与电子商务企业深度合作，促进线上线下互动创新，共同发展体验经济、社区经济、逆向物流等便民利商新业态。积极参与涉农电子商务平台建设，构建农产品快递网络，服务产地直销、订单生产等农业生产新模式。发挥供应链管理优势，积极融入智能制造、个性化定制等制造业新领域。支持快递企业完善信息化运营平台，发展代收货款等业务。

（六）构建完善服务网络。实施快递“向下、向西、向外”工程，建设快递专业类物流园区、快件集散中心和快递末端服务平台，完善农村、西部地区服务网络，构建覆盖国内外的快件寄递体系。支持快递企业加强与农业、供销、商贸企业的合作，打造“工业品下乡”和“农产品进城”双向流通渠道，下沉带动农村消费。鼓励快递企业发展跨境电商快递业务，加大对快递企业“走出去”的服务力度，在重点口岸城市建设国际快件处理中心，探索建立“海外仓”。鼓励传统邮政业进一步加快转型发展，支持邮政企业和快递企业创新合作模式，充分利用现有邮政网点优势，提高邮政基础设施利用效率。

（七）衔接综合交通体系。实施快递“上车、上船、上飞机”工程，加强与铁路、公路、水路、民航等运输企业合作，制定并实施快递设施通用标准，强化运输保障能力。在铁路枢纽配套建设快件运输通道和接驳场所，建立健全利用中欧班列运输邮（快）件机制。稳妥推进公路客运班车代运快件试点和快件甩挂运输方式，因地制宜发展快件水路运输，大力推动快件航空运输。在交通运输领域，完善快件处理设施和绿色通道，辐射带动电子商务等相关产业集聚。鼓励快递企业组建航空货运公司，在国际航线、航班时刻、货机购置等方面给予政策支持。

（八）加强行业安全监管。实施寄递渠道安全监管“绿盾”工程，全面推进快递企业安全生产标准化建设，落实邮政业安全生产设备配置规范等强制性标准，明确收寄、分拣、运输、投递等环节的安全要求。落实快递企业和寄件人安全责任，完善从业人员安全教育培训制度，筑牢寄递渠道安全基础。强化安全检查措施，严格执行收寄验视制度，加强对进出境快件的检疫监管，从源头防范禁寄物品流入寄递渠道。积极利用信息技术提升安全监管能力，完善快递业安全监管信息平台，健全信息采集标准和共享机制，实现快件信息溯源追查，依法严格保护个人信息安全。落实寄递渠道安全管理工作机制，加强跨部门、跨区域协作配合，提升安全监管与应急处置能力。

三、政策措施

（九）深入推进简政放权。深化快递行业商事制度改革，探索对快递企业实行同一工商登记机关管辖范围内“一照多址”模式。简化快递业务经营许可程序，改革快递企业年度报告制度，精简企业分支机构、末端网点备案手续。发挥电子口岸、国际陆港等“一站式”通关平台优势，扩大电子商务出口快件清单核放、汇总申报通关模式的适用地域范围，实现进出境快件便捷通关。

（十）优化快递市场环境。充实监管力量，创新监管方式，强化事中事后监管，全面提升市场监管能力。建立健全用户申诉与执法联动机制，依法查处违法违规行为，规范市场经营秩序。发挥行业自律和社会监督作用，利用企业信用信息公示系统和行业监管信息系统，建立违法失信主体“黑名单”及联合惩戒制度，营造诚实守信的市场环境。

（十一）健全法规规划体系。加快制定快递条例和相关法规规章，提高快递业法治化、标准化水平。编制快递业发展“十三五”规划和重点区域规划，与综合交通运输、物流业、现代服务业、电子商务、物流园区等专项规划做好衔接。有关方面要将发展快递业纳入国民经济和社会发展规划，在城乡规划、土地利用规划、公共服务设施规划中合理安排快递基础设施的布局建设。

（十二）加大政策支持力度。中央预算内投资通过投资补助和贴息等方式，支持农村和西部地区公益性、基础性快递基础设施建设，各级财政专项资金要将符合条件的企业和项目纳入支持范围。快递企业可按现行规定申请执行省（区、市）内跨地区经营总分支机构增值税汇总缴纳政策，依法享受企业所得税优惠政策。各地区要在土地利用总体规划和年度用地计划中统筹安排快递专业类物流园区、快件集散中心等设施用地，研究将智能快件箱等快递服务设施纳入公共服务设施规划。鼓励金融机构创新服务方式，开展适应快递业特点的抵押贷款、融资租赁等业务。快递企业用电、用气、用热价格按照不高于一般工业标准执行。

（十三）改进快递车辆管理。制定快递专用机动车辆系列标准，及时发布和修订车辆生产企业和产品公告。各地要规范快递车辆管理，逐步统一标志，对快递专用车辆城市通行和临时停靠作业提供便利。研究出台快递专用电动三轮车国家标准以及生产、使用、管理规定。各地可结合实际制定快递专用电动三轮车用于城市收投服务的管理办法，解决"最后一公里"通行难问题。

（十四）建设专业人才队伍。引导高等学校加强物流管理、物流工程等专业建设，支持职业院校开设快递相关专业。探索学校、科研机构、行业协会和企业联合培养人才模式，建立一批快递人才培训基地。实施快递人才素质提升工程，建立健全人才评价制度，落实就业创业和人才引进政策。支持快递企业组织从业人员参加相关职业培训和职业技能鉴定，对符合条件的企业和人员可按规定给予补贴。

四、组织实施

各地区、各有关部门要充分认识促进快递业健康发展的重要意义，加强组织领导，健全工作机制，强化协同联动，加大支持力度，为快递业发展营造良好环境。各地区要根据本意见，结合本地区实际情况研究出台有针对性的支持措施并认真抓好落实。各有关部门要各负其责，按照职责分工抓紧制定相关配套措施。交通运输部、发展改革委、邮政局会同有关部门负责对本意见落实工作的统筹协调、跟踪了解、督促检查。

国务院办公厅关于推进电子商务与快递物流协同发展的意见

（2018年1月2日　国办发〔2018〕1号）

近年来，我国电子商务与快递物流协同发展不断加深，推进了快递物流转型升级、提质增效，促进了电子商务快速发展。但是，电子商务与快递物流协同发展仍面临政策法规体系不完善、发展不协调、衔接不顺畅等问题。为全面贯彻党的十九大精神，深入贯彻落实习近平新时代中国特色社会主义思想，落实新发展理念，深入实施“互联网＋流通”行动计划，提高电子商务与快递物流协同发展水平，经国务院同意，现提出以下意见。

一、强化制度创新，优化协同发展政策法规环境

（一）深化“放管服”改革。简化快递业务经营许可程序，改革快递企业年度报告制度，实施快递末端网点备案管理。优化完善快递业务经营许可管理信息系统，实现许可备案事项网上统一办理。加强事中事后监管，全面推行“双随机、一公开”监管。（国家邮政局负责）

（二）创新产业支持政策。创新价格监管方式，引导电子商务平台逐步实现商品定价与快递服务定价相分离，促进快递企业发展面向消费者的增值服务。（国家发展改革委、商务部、国家邮政局负责）创新公共服务设施管理方式，明确智能快件箱、快递末端综合服务场所的公共属性，为专业化、公共化、平台化、集约化的快递末端网点提供用地保障等配套政策。（国土资源部、住房城乡建设部、国家邮政局负责）

（三）健全企业间数据共享制度。完善电子商务与快递物流数据保护、开放共享规则，建立数据中断等风险评估、提前通知和事先报告制度。在确保消费者个人信息安全的前提下，鼓励和引导电子商务平台与快递物流企业之间开展数据交换共享，共同提升配送效率。（商务部、国家邮政局会同相关部门负责）

（四）健全协同共治管理模式。发挥行业协会自律作用，推动出台行业自律公约，强化企业主体责任，鼓励签署自律承诺书，促进行业健康发展。引导电子商务、物流和快递等平台型企业健全平台服务协议、交易规则和信用评价制度，切实维护公平竞争秩序，保护消费者权益；鼓励开放数据、技术等资源，赋能上下游中小微

企业，实现行业间、企业间开放合作、互利共赢。（商务部、交通运输部、国家邮政局会同相关部门负责）

二、强化规划引领，完善电子商务快递物流基础设施

（五）加强规划协同引领。综合考虑地域区位、功能定位、发展水平等因素，统筹规划电子商务与快递物流发展。针对电子商务全渠道、多平台、线上线下融合等特点，科学引导快递物流基础设施建设，构建适应电子商务发展的快递物流服务体系。快递物流相关仓储、分拨、配送等设施用地须符合土地利用总体规划并纳入城乡规划，将智能快件箱、快递末端综合服务场所纳入公共服务设施相关规划。加强相关规划间的有效衔接和统一管理。（各省级人民政府、国土资源部、住房城乡建设部负责）

（六）保障基础设施建设用地。落实好现有相关用地政策，保障电子商务快递物流基础设施建设用地。在不改变用地主体、规划条件的前提下，利用存量房产和土地资源建设电子商务快递物流项目的，可在5年内保持土地原用途和权利类型不变，5年期满后需办理相关用地手续的，可采取协议方式办理。（各省级人民政府、国

土资源部负责)

(七)加强基础设施网络建设。引导快递物流企业依托全国性及区域性物流节点城市、国家电子商务示范城市、快递示范城市，完善优化快递物流网络布局，加强快件处理中心、航空及陆运集散中心和基层网点等网络节点建设，构建层级合理、规模适当、匹配需求的电子商务快递物流网络。优化农村快递资源配置，健全以县级物流配送中心、乡镇配送节点、村级公共服务点为支撑的农村配送网络。(国家发展改革委、商务部、国家邮政局负责)

(八)推进园区建设与升级。推动电子商务园区与快递物流园区发展，形成产业集聚效应，提高区域辐射能力。引导国家电子商务示范基地、电子商务产业园区与快递物流园区融合发展。鼓励传统物流园区适应电子商务和快递业发展需求转型升级，提升仓储、运输、配送、信息等综合管理和服务水平。(各省级人民政府、国家发展改革委、商务部、国家邮政局负责)

三、强化规范运营，优化电子商务配送通行管理

(九)推动配送车辆规范运营。鼓励各地对快递服务车辆实施统一编号和标识管理，加强对快递服务车辆驾

驶人交通安全教育。支持快递企业为快递服务车辆统一购买交通意外险。规范快递服务车辆运营管理。(各省级人民政府负责) 引导企业使用符合标准的配送车型，推动配送车辆标准化、厢式化。(国家邮政局、交通运输部、工业和信息化部、国家标准委、各省级人民政府负责)

(十) 便利配送车辆通行。指导各地完善城市配送车辆通行管理政策，合理确定通行区域和时段，对快递服务车辆等城市配送车辆给予通行便利。推动各地完善商业区、居住区、高等院校等区域停靠、装卸、充电等设施，推广分时停车、错时停车，进一步提高停车设施利用率。(各省级人民政府、交通运输部、国家邮政局、公安部负责)

四、强化服务创新，提升快递末端服务能力

(十一) 推广智能投递设施。鼓励将推广智能快件箱纳入便民服务、民生工程等项目，加快社区、高等院校、商务中心、地铁站周边等末端节点布局。支持传统信报箱改造，推动邮政普遍服务与快递服务一体化、智能化。(国家邮政局、各省级人民政府负责)

(十二) 鼓励快递末端集约化服务。鼓励快递企业开展投递服务合作，建设快递末端综合服务场所，开展联收联投。促进快递末端配送、服务资源有效组织和统筹利用，鼓励快递物流企业、电子商务企业与连锁商业机构、便利店、物业服务企业、高等院校开展合作，提供集约化配送、网订店取等多样化、个性化服务。（国家邮政局会同相关部门负责）

五、强化标准化智能化，提高协同运行效率

（十三）提高科技应用水平。鼓励快递物流企业采用先进适用技术和装备，提升快递物流装备自动化、专业化水平。（工业和信息化部、国家发展改革委、国家邮政局负责）加强大数据、云计算、机器人等现代信息技术和装备在电子商务与快递物流领域应用，大力推进库存前置、智能分仓、科学配载、线路优化，努力实现信息协同化、服务智能化。（国家发展改革委、商务部、国家邮政局会同相关部门负责）

（十四）鼓励信息互联互通。加强快递物流标准体系建设，推动建立电子商务与快递物流各环节数据接口标准，推进设施设备、作业流程、信息交换一体化。（国家标准委、国家发展改革委、工业和信息化部、商务部、国家邮政局负责）引导电子商务企业与快递物流企业加强系统互联和业务联动，共同提高信息系统安全防护水平。（商务部、国家邮政局负责）鼓励建设快递物流信息综合服务平台，优化资源配置，实现供需信息实时共享和智能匹配。（国家邮政局负责）

（十五）推动供应链协同。鼓励仓储、快递、第三方技术服务企业发展智能仓储，延伸服务链条，优化电子商务企业供应链管理。发展仓配一体化服务，鼓励企业集成应用各类信息技术，整合共享上下游资源，促进商流、物流、信息流、资金流等无缝衔接和高效流动，提高电子商务企业与快递物流企业供应链协同效率。（国家发展改革委、商务部、国家邮政局负责）

六、强化绿色理念，发展绿色生态链

（十六）促进资源集约。鼓励电子商务企业与快递物流企业开展供应链绿色流程再造，提高资源复用率，降低企业成本。加强能源管理，建立绿色节能低碳运营管理流程和机制，在仓库、分拨中心、数据中心、管理中心等场所推广应用节水、节电、节能等新技术新设备，提高能源利用效率。（国家发展改革委、环境保护部、工业和信息化部负责）

（十七）推广绿色包装。制定实施电子商务绿色包装、减量包装标准，推广应用绿色包装技术和材料，推进快递物流包装物减量化。（商务部、国家邮政局、国家标准委负责）开展绿色包装试点示范，培育绿色发展典型企业，加强政策支持和宣传推广。（国家发展改革委会同相关部门负责）鼓励电子商务平台开展绿色消费活动，提供绿色包装物选择，依不同包装物分类定价，建立积分反馈、绿色信用等机制引导消费者使用绿色包装或减量包装。（商务部会同相关部门负责）探索包装回收和循环利用，建立包装生产者、使用者和消费者等多方协同回收利用体系。（国家发展改革委、环境保护部、商务部、国家邮政局负责）建立健全快递包装生产者责任延伸制度。（国家发展改革委、环境保护部、国家邮政局负责）

（十八）推动绿色运输与配送。加快调整运输结构，逐步提高铁路等清洁运输方式在快递物流领域的应用比例。鼓励企业综合运用电子商务交易、物流配送等信息，优化调度，减少车辆空载和在途时间。（国家邮政局、交通运输部负责）鼓励快递物流领域加快推广使用新能源汽车和满足更高排放标准的燃油汽车，逐步提高新能源汽车使用比例。（各省级人民政府负责）

各地区、各有关部门要充分认识推进电子商务与快递物流协同发展的重要意义，强化组织领导和统筹协调，结合本地区、本部门、本系统实际，落实本意见明确的各项政策措施，加强对新兴服务业态的研究和相关政策储备。各地区要制定具体实施方案，明确任务分工，落实工作责任。商务部、国家邮政局要会同有关部门加强工作指导和监督检查，确保各项措施落实到位。

后　　记

为进一步宣传贯彻《快递暂行条例》，司法部、国家邮政局组织编写了《快递暂行条例释义》一书，作为普及快递法规知识的读物，供政府部门、企事业单位、行业组织、从业人员和广大用户学习交流使用。

本书编写工作得到司法部、国家邮政局领导同志的悉心指导和大力支持。司法部工交商事法制司和国家邮政局政策法规司参加条例拟订工作的同志、邮政管理部门从事行政执法的相关同志、国家邮政局发展研究中心专家、中国快递协会专家和此前参与编写邮政法释义的学者分工撰写书稿。全书由高黎明、屈凯统稿，安宁、叶楠、姚驰、徐顺撰写第一章、第七章、第八章，高黎明、李峰、王学斌撰写第二章，贾玉平、张毅、屈凯撰写第三章、第四章，马喜、潘迪、丁红涛撰写第五章，尹训国、马向娟、姚志昊撰写第六章。对司法部、国家邮政局领导同志的关心支持以及各位专家的辛勤努力，在此表示衷心的感谢。

《快递暂行条例》学习贯彻工作正在深入开展，对一些问题的认识还需要在实践中不断深化。加之本书编写时间较为仓促，疏漏和不妥之处在所难免，诚望读者予以谅解、指正。

2018 年 8 月

图书在版编目（CIP）数据

快递暂行条例释义／司法部，国家邮政局编著．—北京：中国法制出版社，2018.9

ISBN 978－7－5093－9751－0

Ⅰ.①快…　Ⅱ.①司…②国…　Ⅲ.①快递－邮政法－法律解释－中国　Ⅳ.①D922.296.5

中国版本图书馆 CIP 数据核字（2018）第 209839 号

策划编辑：袁笋冰　　责任编辑：欧　丹　　封面设计：李　宁

快递暂行条例释义

KUAIDI ZANXING TIAOLI SHIYI

编著/司法部，国家邮政局

经销/新华书店

印刷/三河市紫恒印装有限公司

开本/880 毫米×1230 毫米　32 开　　印张/10　字数/138 千

版次/2018 年 9 月第 1 版　　2018 年 9 月第 1 次印刷

中国法制出版社出版

书号 ISBN 978－7－5093－9751－0　　定价：35.00 元

北京西单横二条 2 号

邮政编码 100031　　传真：010－66031119

网址：http：//www.zgfzs.com　　**编辑部电话：010－66066621**

市场营销部电话：010－66033393　　**邮购部电话：010－66033288**

（如有印装质量问题，请与本社印务部联系调换。电话：010－66032926）